SOMMAIRE

Traduction et adaptation Édith Ochs et Bernard Nantet

Édition originale publiée en 1998 par Lorenz Books

Dépôt légal : mars 1999
ISBN : 2-7324-2500-1
Imprimé à Singapour

Crédits photographiques :
b=bas ; h=haut ; c=centre ; g=gauche ; d=droite

The Ancient Art and Architecture Collection Ltd : 3, 4cg, 9hd, 9cd, 10h, 27hd, 32hg, 46hg, 49hd, 50cd, 59cg ; Arnamagnaean Institute, Denmark : 54hg, 55hg ; The Bridgeman Art Library : 14cd, 15hg, 17bg, 27bg, 44b, 45hd, 45cg, 53cg, 57bg ; The British Museum : 8hd, 29hd, 46cg ; CM Dixon : 13hg, 13cg, 14hd, 16cg, 16bd, 17hd, 18hg, 19bd, 22cg, 25hd, 27hg, 30cd, 44hd, 47hd, 48cd, 53hd, 57hg, 58cg ; ET Archive : 20cg, 24bg, 47hg, 51hd, 56bg ; Mary Evans Picture Library : 41hd ; Werner Forman Archive : 17hg, 21cg, 25hg, 34cd, 40cd, 42hg, 45hg, 48cg, 49cg ; Michael Holford : 10c, 16hd, 32-33hd, 36hg, 37hg, 57hd, page de titre ; Robert Harding : 20hd, 22hd, 23c, 25bg, 27bc, 30hg, 37hd, 38g, 39h, 55cg, 60b ; G. Hildebrand : 60hg ; National Museum of Copenhagen : 42hd, 61bg ; National Museum of Ireland : 59hd ; Pierpont Morgan Library / Art Source, New York : 5d ; Riksantikvaren, Norway : 35cg ; Mick Sharp : 10b, 11hd, 13cd, 17bd, 18b, 45bd, 47cg ; Brian Shuel : 61 hd ; Statens Historik Museum, Stockholm : 3, 14hd, 26hg, 33cg, 34cg, 40hg, 51c ; University of Oslo : 8cd, 12hd, 23hg, 29hc, 34hd, 35hd, 61bd ; Yales University Press : 41c ; York University Trust : 2, 11bg, 19bg, 21c, 23hd, 24hd, 25cd, 26b, 28hd, 28c, 29bg, 30cg, 31hd, 32c, 35c, 42cg, 43c, 46cd, 49ch, 49c, 53hg, 58hg, 59hg ; Zefa Pictures : 12b.

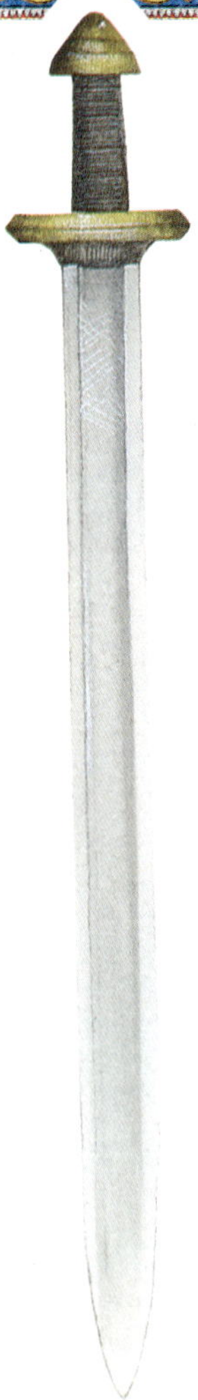

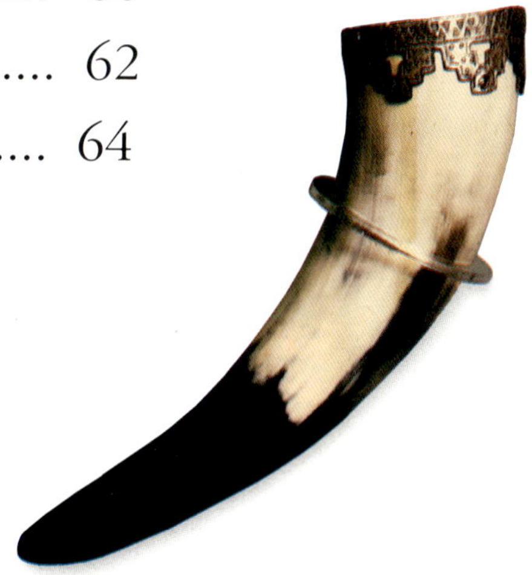

L'ARRIVÉE DES VIKINGS

ART GUERRIER
Les Vikings étaient des artistes autant que des guerriers. Cette hache de guerre danoise est en fer incrusté d'argent et décorée de motifs en volutes.

Nous sommes en l'an 795. Imaginons que tu sois un moine irlandais, qui cueille des plantes pour concocter des potions. En longeant la rivière, tu entends un grincement de rames et des jurons dans une drôle de langue. Entre les roseaux, tu distingues un long bateau de bois qui remonte le courant. La proue a l'allure d'un dragon. À l'intérieur, des hommes à l'air féroce, des guerriers balafrés, armés de glaives et de haches.

De tels événements se renouvelèrent sur les côtes européennes à cette époque et dans les années qui suivirent. À l'ouest, on appelait ces envahisseurs les Hommes du Nord, les Nordiques ou encore les Danois. À l'est, on les appelait les Rus ou les Varègues. Pour nous, ce sont les Vikings, un mot qui, en nordique ancien, signifie « pirate de la mer ». Qui étaient-ils ? Les Vikings étaient des Scandinaves venus des terres formant aujourd'hui le Danemark, la Norvège et la Suède. Les archéologues ont retrouvé leurs fermes, les objets qu'ils échangeaient, les trésors qu'ils ont volés et leurs bateaux en bois.

PASSÉ RECOMPOSÉ
Ce chantier de fouilles se trouve à York (Jorvik au temps des Vikings), au nord de l'Angleterre. Sur les sites d'anciennes cités vikings, les archéologues ont découvert des bateaux et des trésors.

DES MARINS
La silhouette du bateau viking, proue relevée et voile carrée, répandait la terreur sur les côtes. Cette sculpture vient de l'île suédoise de Götland.

CHRONOLOGIE 750-875

Les Vikings descendent de tribus germaniques venues s'installer en Scandinavie il y a plus de 2 000 ans. C'était un peuple énergique et remuant. Vers 780, les Vikings tentaient des incursions sur d'autres rivages. Bientôt, ils exploraient, s'installaient et faisaient du commerce loin de chez eux, de l'Amérique du Nord à Bagdad. À partir de 1100, ils étaient christianisés et leurs territoires ressemblaient à ceux des autres pays d'Europe.

750

Épée viking

750 Le commerce s'ouvre entre l'Europe du Nord et l'Orient. Les routes commerciales sont établies.

Des petites villes marchandes et fabriquant des produits manufacturés prospèrent, telles Ribe au Danemark, Paviken dans l'île de Götland et Helgo en Suède.

Un trésor

775

789 Les Vikings opèrent un raid sur le sud de l'Angleterre.

793 Les Vikings mettent à sac Lindisfarne, une île de la côte nord-est de l'Angleterre.

Massacre de Lindisfarne

795 Les Vikings mettent à sac l'Écosse et l'Irlande.

800

LA PATRIE DES VIKINGS

Les Vikings venaient de Scandinavie. Cette carte indique quelques-uns des principaux sites archéologiques. La plupart se trouvent au Danemark actuel, dans le sud de la Suède et près des rivages des fjords norvégiens.

LA FLOTTE D'INVASION

Cette peinture représente l'invasion de l'Angleterre par les Vikings en 866, qui défirent le roi Edmond et le tuèrent. Ce que nous savons des Vikings nous vient surtout des récits de leurs ennemis. Beaucoup furent écrits plus tard.

800

800 Les Vikings colonisent les archipels des Orcades et des Shetland, au large de la côte nord de l'Écosse.

810 Les Vikings mettent à sac la Frise, au nord des Pays-Bas, et le nord de l'Allemagne.

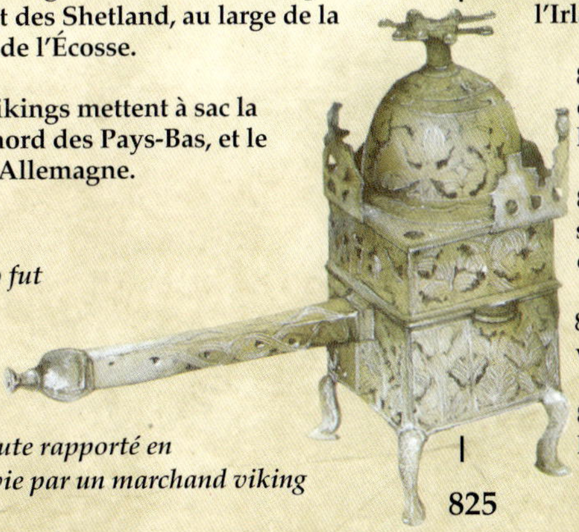

Ce brasero fut fabriqué à Bagdad vers l'an 800 et sans doute rapporté en Scandinavie par un marchand viking

825

830 env. Les Vikings mettent l'Irlande à sac.

834 Les Vikings dévastent les Pays-Bas.

841 Une base viking s'installe à Dublin, en Irlande.

844 Les Vikings sont vaincus par les Arabes en Espagne.

846 Ragnar à la Culotte velue assiège Paris.

Guerriers arabes

850

850 Des bases vikings s'installent en Angleterre.

851 Les Irlandais attaquent les Vikings.

859 Bjorn Côte-de-Fer fait voile vers la Méditerranée.

860 Les Vikings découvrent l'Islande. Ils font du commerce en Russie ; ils attaquent Constantinople.

867 Jorvik (York, en Angleterre) est prise par les Vikings.

874 Les Vikings s'établissent en Islande.

Femme viking de Jorvik à son métier

875

Le monde viking

Les Vikings partent en mer en quête de richesses, de fortune et de meilleurs territoires. À l'époque, le Danemark est couvert de landes et de bois. La Norvège et la Suède offrent un paysage rude de montagnes et de forêts, guère faciles à cultiver.

À partir des années 780, des bandes de Vikings font des incursions sanglantes en Angleterre, en Écosse, en Irlande et au pays de Galle. Plus tard, ils s'établissent dans une bonne partie des îles Britanniques, y compris les Orcades, les Shetland et l'île de Man. Ils pillent aussi les côtes et les rivières en France, en Allemagne et aux Pays-Bas. En France, ils s'installent en Normandie, mot qui vient du franc *Nortman*, c'est-à-dire Homme du Nord.

Les guerriers vikings font voile jusqu'en Espagne, où ils combattent les Arabes qui y règnent alors. Ils franchissent aussi l'océan Atlantique et s'installent en Islande, au Groenland et même à Terre-Neuve, en Amérique du Nord.

Les marchands vikings fondent des États en Ukraine et en Russie, et descendent les fleuves de l'Europe orientale. Ils louent également leurs services comme gardes du corps de l'empereur byzantin dans la ville qu'ils appellent Milagard, l'ancienne Constantinople devenue Istanbul.

Vers l'an 1100, les descendants des Vikings vivent dans de puissants royaumes chrétiens. Les beaux jours de la piraterie sont terminés !

Chronologie 875-1000

Proue sculptée

878 Alfred le Grand, roi de Wessex, défait les Vikings.

885 L'armée viking attaque Paris.

886 Instauration du Danelaw (loi danoise), en Angleterre orientale.

Bateau viking

900 Harald à la Belle Chevelure devient le premier roi d'une Norvège unifiée.

910 Le roi anglo-saxon Édouard l'Ancien reprend aux Danois de larges portions de l'Angleterre.

911 Les Français donnent la Normandie aux Vikings.

Proclamation de l'Althing

930 Une des nombreuses assemblées de l'Althing, en Islande. Le peuplement de l'Islande est en bonne voie.

937 À la bataille de Brunanburh, Athelstan de Wessex défait une alliance des Danois, des Écossais et des Gallois.

940 Edmond de Wessex fait la paix avec Olaf de Jorvik.

875 — 900 — 925 — 950

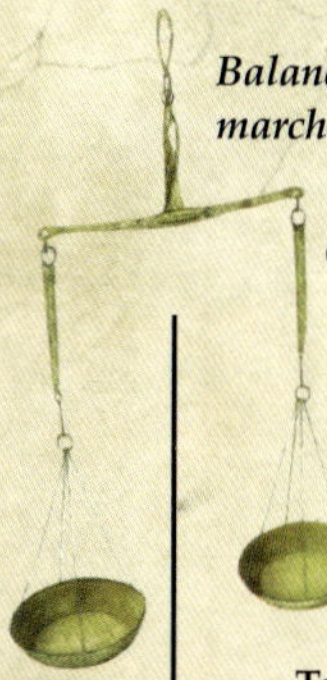
Balance d'un marchand viking

950 Un ensemble de forteresses vikings est construit au Danemark.

954 Erik à la Hache sanglante devient le dernier roi viking de Jorvik.

Pièce d'Erik à la Hache sanglante

960 Harald la Dent bleue, roi du Danemark, se convertit au christianisme.

Le commerce avec l'Orient commence à décliner. Les Vikings s'intéressent aux mines du centre de l'Allemagne pour s'approvisionner en argent.

980 Le christianisme se répand en Scandinavie.

982 Erik le Rouge parvient au Groenland.

985 D'autres Vikings se fixent au Groenland.

986 Les Vikings découvrent Terre-Neuve, au large du Canada.

991 Les Vikings battent les hommes d'Essex à la bataille de Maldon.

995 Olav Ier devient roi de Norvège.

Crucifix viking

950 975 1000

Les héros vikings

Les Vikings appréciaient beaucoup la bravoure et l'esprit d'aventure. Leurs héros étaient des explorateurs, des pirates sans pitié et de hardis guerriers. Les plus célèbres furent Ragnar à la Culotte velue, qui terrorisa Paris en 846, et Erik le Rouge, un Norvégien à barbe rousse qui s'établit en 985 au Groenland et lui donna son nom.

Les Vikings que nous connaissons le mieux étaient des rois puissants. Après la mort au combat de son frère, le roi Olav de Norvège, Harald Hardradi (Harald le Sévère), s'enfuit en Russie et rejoint la garde personnelle de l'empereur à Constantinople. Après une querelle avec l'impératrice Zoé, il rentre en Russie avant de régner sur la Norvège.

Les femmes vikings pouvaient être aussi farouches que les hommes, et très respectées. Les archéologues ont découvert à Oseberg, en Norvège, deux femmes ensevelies dans un magnifique bateau et entourées d'objets précieux. L'une était une reine, l'autre sa servante.

HACHE SANGLANTE
Cette pièce date d'Erik à la Hache sanglante, fils du premier roi de Norvège. Il a régné à Jorvik, en Angleterre.

PIERRE RUNIQUE
Cette pierre a été dressée par le roi Harald la Dent bleue à Jelling, au Danemark. L'inscription runique (en caractères de l'ancien alphabet nordique) dit que le roi Harald « a gagné toutes les guerres du Danemark et de la Norvège, et christianisé tous les Danois ».

GUERRIER PUIS CANONISÉ
Olav Tryggvasön, petit-fils de Harald à la Belle Chevelure, s'empara du trône de Norvège en 995. Converti au christianisme, il devint saint Olav en l'an mil, après sa mort.

CHRONOLOGIE 1000-1100

1000 L'Islande est christianisée

1002 Leiv Eriksson atteint le Vinland (Terre-Neuve).

Combat entre un Viking et un indigène à Terre-Neuve

1010

1014 L'Irlande met en déroute les Vikings à Clontarf.

1016 Knud Ier succède à Sven à la Barbe fourchue, roi d'Angleterre.

1017 Knud Ier règne sur le Danemark.

Broche anglo-saxonne de style scandinave

1020

1028 Olav II de Norvège est renversé par une guerre civile.

1030

1030 Olav II meurt à la bataille de Stiklestad. Plus tard, il est canonisé.

Le roi Knud monte sur le trône de Norvège.

1035 Knud Ier meurt. Les Anglo-Saxons règnent sur toute l'Angleterre.

1040

Le roi Olav II

1047 Harald Hardradi devient roi de Norvège.

1050

LES NORMANDS

Hrolf, ou Rollon, était un chef viking. En 911, le roi de France Charles le Simple lui céda une région à l'ouest de son pays, qui devint la Normandie. De là, les Normands partirent à la conquête de l'Angleterre et de l'Italie.

KNUD LE SAGE

Knud était le fils de Sven à la Barbe fourchue, roi du Danemark. Après des incursions sanglantes sur les côtes de l'Angleterre, il prit le pouvoir en 1016. Il fit alors preuve de sagesse et de bonté. Il devint roi du Danemark en 1018 et, en 1030, également roi de Norvège. Il mourut en 1035, à Shaftesbury.

LEIV L'HEUREUX

Fils d'Erik le Rouge, il a navigué à l'ouest, plus loin que son célèbre père. Il a atteint le Canada autour de l'an mil et accosté une terre qu'il a appelée le Vinland. C'était probablement Terre-Neuve. D'autres Vikings, dont son frère Thorwald, tentèrent en vain de coloniser ces terres.

Elisabeth, femme russe de Harald Hardradi

1050 Fondation d'Oslo, par Harald Hardradi.

1053 Les Normands s'installent dans le sud de l'Italie.

1050

1066 Harald Hardradi envahit l'Angleterre. Il est défait par Harold Ier à la bataille de Stamford Bridge.
Épuisé, il est vaincu à son tour par Guillaume le Conquérant à la bataille de Hastings.

1060

Fantassin norvégien avec une hache

1070 Les Anglais paient une rançon aux Vikings pour avoir la paix.

1070

1080 Knud IV devient roi du Danemark.

1084 Les Normands pillent Rome.

1086 Knud IV est assassiné.

1087 Mort de Guillaume le Conquérant.

1080

1098 Magnus III de Norvège impose son autorité aux Orcades, aux Hébrides et à l'île de Man. La contestation menaçait dans ces établissements vikings.

1100 Fin de l'ère viking.

1090

1100

UN POUVOIR FORT
Ce roi est une pièce de jeu d'échecs de l'île de Lewis, en Écosse. Les rois vikings étaient souvent des hommes violents avides de pouvoir. Ils conduisaient leurs hommes au combat, prêts à y laisser leur vie.

La société viking

Les Vikings sont en majorité des hommes libres, ou *karls*, qui possèdent de la terre et une ferme, et partent en mer pour piller et vivre l'aventure. D'autres sont marchands, constructeurs de bateaux ou artisans. Ils ont des esclaves, ou *thrælls*, qui cultivent les champs et leur servent de domestiques à la ferme et à l'atelier. Beaucoup de Vikings sont marchands d'esclaves. Ils revendent les prisonniers qu'ils ont faits au cours de leurs incursions en Europe. Les enfants des esclaves deviennent esclaves à leur tour.

Les Vikings les plus puissants et les plus riches sont des chefs, ou *jarls* (comtes). Ils dominent de vastes régions, qui forment de petits royaumes. Ceux qui les unifient deviennent très puissants. Vers l'an 900, Harald à la Belle Chevelure, roi de Vestfold, devient ainsi Harald Ier de Norvège. En revanche, le Danemark a toujours été sous l'autorité d'une seule personne. Sous le règne de Harald la Dent bleue, le pays devient encore plus centralisé.

Les premiers Vikings forment un peuple indépendant, querelleur et orgueilleux, ce qui restera aussi le cas dans les colonies comme l'Islande. Comme Erik le Rouge, beaucoup de Vikings ont pris la fuite pour échapper à la loi ou à la domination d'un roi lointain. L'Islande est ainsi restée une république indépendante pendant toute l'ère viking. À partir du XIIe siècle, toutefois, elle doit reconnaître un roi norvégien.

LES KARLS COMBATTANTS
Les karls constituaient le point fort de l'invasion quand les Normands attaquèrent l'Angleterre, en 1066. Cette scène, qui fait partie de la tapisserie de Bayeux, montre les karls qui se préparent au départ.

LES FERMIERS
Les karls franchirent la mer à la recherche de nouveaux territoires. Ils s'installèrent aux îles Shetland, au nord de l'Écosse, et construisirent des fermes en bois, en pierre et en tourbe. Ci-contre, le site de Jarlshof.

EN LOYAL SERVITEUR

Cette reconstitution d'un raid viking se situe dans l'île de Lindisfarne, au nord de l'Angleterre. Les Vikings ont attaqué l'île une première fois en 793. Il s'agissait sans doute d'hommes libres, qui obéissaient aveuglément à leur jarl. Ils formaient une garde serrée autour de lui quand le combat s'intensifiait. Pour les premiers Vikings, on devait être loyal envers une famille ou un seigneur plus qu'envers un royaume.

LE FORT DÉFENSIF

Le fort de Fyrkat, dans le Jutland. Harald la Dent bleue fit édifier plusieurs forts de ce type autour de 980 pour défendre le royaume du Danemark. À la fin de la période viking, on ne voyait plus de chefs vikings indépendants donnant l'assaut à la tête d'une petite bande d'hommes libres.

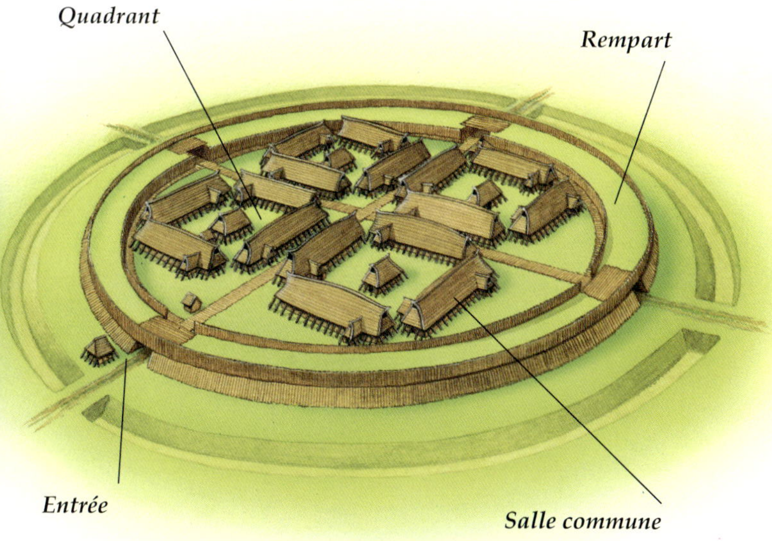

UN PEUPLE REMUANT

De pauvres valets de ferme préparent la laine dans cette reconstitution de la vie des Vikings. Durant l'époque viking, des familles de toutes les catégories sociales quittèrent la Scandinavie pour s'installer dans de lointaines régions afin de trouver des terres et des richesses nouvelles.

LES LOIS ET LES ASSEMBLÉES

Les lois et les jugements sont adoptés lors d'une assemblée publique appelée *Thing*. Celle-ci se réunit région par région, ainsi que dans les terres où les Vikings s'installent. L'assemblée, composée d'hommes libres, se réunit à intervalles réguliers. Femmes et esclaves en sont exclus. Le Thing a un pouvoir important et peut même désigner le roi. Si quelqu'un a assassiné ou volé, la famille de la victime peut s'adresser au Thing pour réclamer justice. Si toute l'assemblée décide que telle personne est coupable, elle prononce un jugement et le coupable est condamné à payer une amende. Dans certains cas, la querelle donne lieu à une lutte à mort, mais celle-ci est interdite en Islande et en Norvège à partir de l'an mil. L'assemblée peut se prononcer sur les questions de propriété, de mariage et de divorce. L'Islande n'a pas de roi au temps des Vikings. Une assemblée nationale, ou *Althing*, se réunit au milieu de l'été. L'Althing tient à la fois du tribunal, du parlement et du festival. Les familles en profitent pour quitter les fermes isolées et se rencontrer. L'assemblée approuve les lois proposées par les jarls et élit un « président de la loi », chargé d'apprendre par cœur les lois orales.

PAYEZ !
Le Thing pouvait donner l'ordre à un criminel de dédommager la victime en lui donnant de l'argent ou des biens. S'il n'obéissait pas, il devenait un hors-la-loi que n'importe qui pouvait tuer.

LE SIÈGE DE LA LOI
En Islande, l'Althing se réunissait à Thingvellir, une plaine bordée de gros rochers à l'est de Reykjavik. Le président de la loi lisait sur le Rocher de la Loi les textes qui avaient été votés par un groupe de 39 chefs. L'Althing est la plus ancienne assemblée législative du monde encore existante. Elle a fonctionné de 930 à 1800 et, de nouveau, à partir de 1843. Aujourd'hui, c'est le Parlement islandais.

UNE DÉCISION DIFFICILE

Cette gravure représente le rassemblement qui eut lieu à l'occasion de l'Althing de l'an mil. Une grave question était à l'ordre du jour : l'Islande devait-elle devenir chrétienne ? Le président de la loi se prononça en faveur de la nouvelle religion, mais ceux qui le voudraient pourraient continuer d'adorer en privé les anciens dieux.

LA LOI DE MAN

Ce monticule marque l'emplacement de l'ancienne assemblée viking sur l'île de Man, à l'ouest de l'Angleterre. Ce lieu, qui s'appelait le Tynwald, a donné son nom au Parlement actuel de l'île, qui a conservé le pouvoir de voter les lois en vigueur à Man.

LUTTE À MORT

Reconstitution d'un duel viking. La vie ne valait pas cher à l'époque des Vikings et une mort violente n'était pas rare. Une lutte à mort était une façon de régler un différend grave, comme une accusation de meurtre. Ce procédé fut introduit en Angleterre par les Normands, en 1066.

LES LÉGISLATEURS

Les chefs vikings islandais venaient de toute l'île à Thingvellir (la Plaine de l'assemblée). Cette peinture du XIXe siècle de W. G. Collingwood représente l'Althing, qui se réunissait une fois par an.

Les dieux du Walhalla

LE CULTE DE FREYJA
Cette amulette en argent représente Freyja, la déesse de l'Amour et du Mariage, très populaire en Suède. Freyja était la sœur de Freyr, dieu de l'Agriculture. On croyait que Freyja accueillait dans l'autre monde les femmes qui mouraient. Une femme à l'agonie dit, dans une saga : « Je n'ai pas mangé ni ne mangerai avant d'être auprès de Freyja. »

Pour les premiers Vikings, l'univers repose sur un grand frêne appelé Yggdrasil et il se compose de plusieurs mondes séparés. Aux enfers, il y a Niflheim, un royaume brumeux de neige et de glace. Au ciel, il y a Asgard, le séjour des dieux. Dans le grand palais, appelé Walhalla, les guerriers morts au combat festoient. Un arc-en-ciel relie le monde des humains, le Midgard, entouré d'une mer de démons, à Asgard. Au-delà de la mer se trouve Utgard, la forêt, domaine des Géants, ennemis mortels des dieux.

Les Vikings ont de nombreux dieux. Ils croient qu'Odin, père des dieux, chevauche dans le ciel nocturne. Sa femme s'appelle Frigg (ainsi, *Friday* – vendredi, en anglais – veut dire le « jour de Frigg ») et son fils Balder, dieu du Soleil d'été. La barbe rousse, Thor est le dieu du Tonnerre. Comme beaucoup de Vikings, il aime rire, mais a la colère facile. Les jumeaux Freyr et Freyja sont le dieu et la déesse de la Fertilité et de l'Amour. Et il y a Loki, qui sème la discorde.

LE MARTEAU DE THOR
Ce porte-bonheur d'Islande représente Thor. Il combattait les Géants avec un marteau magique. Il était fort et brave.

BALDER TOMBE AU COMBAT
Selon les légendes, Loki dit au dieu Hod de tuer Balder, dieu du Soleil et de la Lumière, en le transperçant avec une langue en forme d'épée.

Un porte-bonheur

Matériel : papier épais ou carton, crayon, ciseaux, pâte à modeler qui sèche à l'air, planche, spatule, stylo-feutre, rouleau, papier de verre fin, peinture acrylique argent, pinceau, gobelet d'eau, morceau de ficelle.

1 Dessine le contour du marteau de Thor sur le papier ou le carton et découpe-le. Sers-toi de ce patron pour fabriquer ton porte-bonheur.

2 Mets un morceau de pâte à modeler sur la planche et aplatis-la au rouleau. Presse le carton sur la pâte à modeler pour imprimer le contour du marteau.

3 Retire le carton. À l'aide de la spatule, découpe la pâte à modeler. Suis bien la trace du marteau et retire l'excédent.

ODIN

Odin le Borgne était le dieu le plus sage. Il avait deux corbeaux, appelés Hugin, la pensée, et Mugin, la mémoire. Chaque jour, ceux-ci visitaient le monde et, chaque soir, ils revenaient vers Odin pour se percher sur ses épaules et lui raconter ce qu'ils avaient vu.

SLEIPNIR

Odin traversait le ciel sur Sleipnir, son cheval gris à huit pattes. Deux loups l'accompagnaient. Sur cette pierre sculptée de Suède, Odin et Sleipnir arrivent au Walhalla. Une Walkyrie, ou servante des dieux, les accueillait et servait du vin à Odin.

Les porte-bonheur, ou amulettes, protégeaient les Vikings du mauvais œil. Beaucoup d'entre eux, en forme de marteau, honoraient le dieu Thor.

4 Aplatis l'extrémité du marteau, comme ci-dessus. Avec la spatule, fais un trou dans lequel tu passeras la ficelle quand la pâte à modeler sera sèche.

5 Avec l'extrémité du stylo-feutre, dessine des motifs dans la pâte à modeler. Laisse sécher et durcir.

6 Quand l'objet est sec, frotte avec le papier de verre. Peins une face en argent et laisse sécher avant de peindre l'autre.

7 Quand la peinture est sèche, prends une ficelle assez longue pour faire le tour de ton cou et passe-la par le trou du marteau. Coupe avec les ciseaux et fais un nœud.

Villes et villages

HEDEBY
Voici une maquette de Hedeby, un centre d'échanges commerciaux important, situé aujourd'hui en Allemagne. Cette région faisait autrefois partie du Danemark. Au sommet de sa puissance, en 950, Hedeby comptait plus de 1 000 habitants.

Le monde des Vikings n'est pas aussi surpeuplé que le nôtre. Beaucoup de familles vivent dans des fermes retirées. Certaines d'entre elles habitent dans des établissements isolés au bord d'un bras de mer s'enfonçant profondément dans les terres, un fjord. Les Vikings construisent des cités quand ils s'emparent de nouveaux territoires ou fondent des centres d'échanges. Les maisons longent le bord de mer ou un cours d'eau, où les bateaux peuvent jeter l'ancre pour charger. L'odeur du poisson flotte dans l'air que déchire le cri des mouettes. À l'écart du rivage, la cité est défendue par un talus en arc de cercle et des palissades. À tout moment, elle peut être attaquée et pillée.

Les marchands vikings habitent des maisons en planches ou en clayonnage enduit de torchis (des branchages entrecroisés et recouverts d'argile mélangée à de la paille). Les maisons sont entourées de cours ou de jardins clôturés, où s'ébattent poules, oies et cochons. L'eau vient de sources et de puits. Dans les rues, bordées d'étals de marchands, des rondins de bois protègent de la boue. Les ordures sont jetées sur un tas ou un dépotoir. L'odeur et l'hygiène doivent être épouvantables. Il n'y a pas de véritable écoulement et les eaux sales se déversent directement dans des trous ou dans des fosses à purin.

MURS DE PIERRE
Les matériaux de construction dépendaient de la région. Ces vestiges marquent les contours d'un établissement viking sur le Brough de Birsay, dans les Orcades, dont le nom viking signifie « île aux phoques ». Les Vikings se sont emparés des Orcades, au nord de l'Écosse, en l'an 800.

VIVRE EN VILLE

Voici la reconstitution d'un établissement viking il y a un millénaire. Les maisons sont de tailles variées. Une maison de marchand, par exemple, pouvait avoir une superficie d'environ 90 m^2. Elle comprenait aussi parfois des ateliers et des entrepôts. Les domestiques et les esclaves habitaient dans de petites cabanes souvent humides et ouvertes à tous les vents.

DÉCOUVERTE D'UNE VILLE

Les archéologues ont découvert une maison viking de la cité de Jorvik, en Angleterre. Les plus anciennes maisons de Jorvik sont en clayonnage, des branchages étroitement tressés autour de pieux verticaux. Des planches en chêne ont été utilisées plus tard. Les pierres à l'arrière-plan font partie du foyer.

CONSTRUCTION EN TOURBE

Ces fermes vikings se situent à Glaumber, en Islande. À la campagne, le bois de construction et les pierres étaient souvent recouverts d'une épaisse couche de tourbe, qui formait le toit et les murs.

La maison longue

La maison viking typique est la ferme. Au milieu de l'établissement agricole se trouve un grand bâtiment qu'on appelle la maison longue. Cette construction basse, habituellement en rondins, peut atteindre 30 m de long. Dans les îles, on utilise des pierres, comme en Islande où les arbres sont petits et peu nombreux. Les toits sont couverts de chaume ou d'une couche de tourbe.

Au début de l'ère viking, la maison longue se résume à une seule pièce, que partagent la famille et la main-d'œuvre ; une partie est même réservée aux animaux. Les occupants se serrent autour du foyer central pour avoir chaud. Plus tard, des pièces, comme une chambre pour le fermier et sa femme, viennent s'ajouter, ainsi qu'une pièce pour filer et tisser la laine, et une laiterie où les femmes fabriquent le beurre et le fromage. Il y a parfois une cuisine, un cellier pour la nourriture et une pièce pour le bain. Les toilettes ne sont qu'une simple fosse dans la salle commune. Les bâtiments annexes comprennent des étables et des granges, où les animaux passent l'hiver. Les outils de la ferme et les armes sont réparés à l'atelier.

UN TOIT DE VERDURE
Cette reconstitution d'une maison islandaise a des murs en torchis. Le toit est recouvert de larges bandes de tourbe pour protéger du froid. L'herbe du toit continue de pousser.

UN HABITAT DANOIS
Reconstitution d'une maison longue à Trelleborg, au Danemark, dans le style de celles qui existaient dans la région vers l'an 900. Les maisons avaient un long toit bombé couvert de bardeaux, ou tuiles en bois. Selon les historiens, les piliers qu'on voit ici ne sont pas conformes à ceux d'origine.

Une maison

Matériel : carton épais, règle, crayon, ciseaux, peintures acryliques marron, blanc et noir, pinceaux, gobelet d'eau, balsa, canif ou cutter, colle PVA, brosse, ruban masque, ruban adhésif, paille, papier de verre.

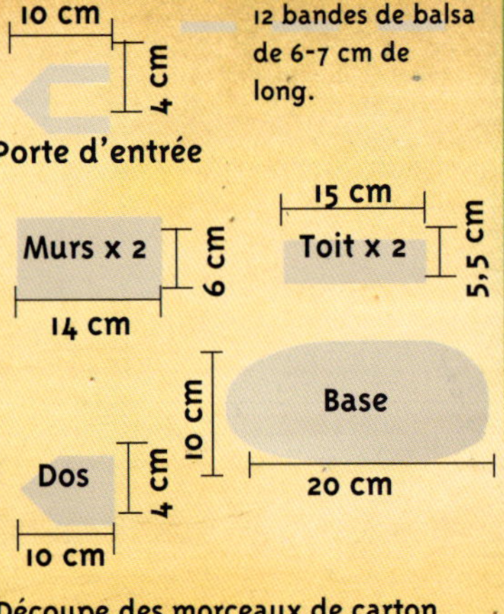

Découpe des morceaux de carton épais pour la base, les murs et le toit de la maison en te servant des mesures ci-dessus.

1 Peins en marron les murs et laisse sécher. En t'aidant d'un morceau de carton pour aller droit, trace à la peinture blanche le motif du clayonnage enduit de torchis.

2 Peins les planches au-dessus de la porte et laisse sécher. Colle les bandes de balsa autour de la porte, des pignons, et sur les murs de côté aussi, comme ci-dessus.

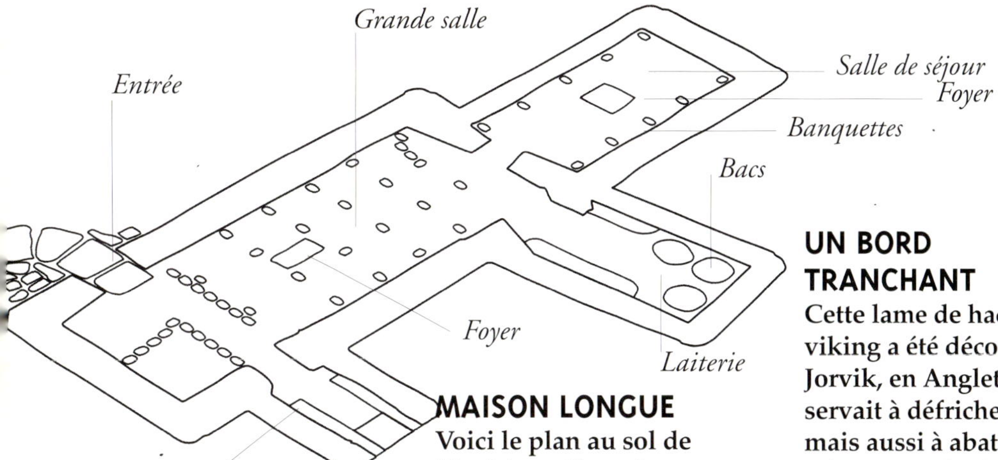

MAISON LONGUE

Voici le plan au sol de l'intérieur d'une ferme type. Il s'inspire de la maison de Stöng, en Islande.

UN BORD TRANCHANT

Cette lame de hache viking a été découverte à Jorvik, en Angleterre. Elle servait à défricher la terre, mais aussi à abattre des arbres pour la charpente et pour faire du feu.

GROS ŒUVRE

À l'époque des Vikings, on ne disposait pas de grosses machines pour construire les maisons. Tout était une question de muscles. Il fallait couper les rondins à la hache. On taillait aussi les pierres et on les transportait jusqu'au site. On coupait et on ramassait des roseaux pour le toit. On extrayait la tourbe des marécages et des landes.

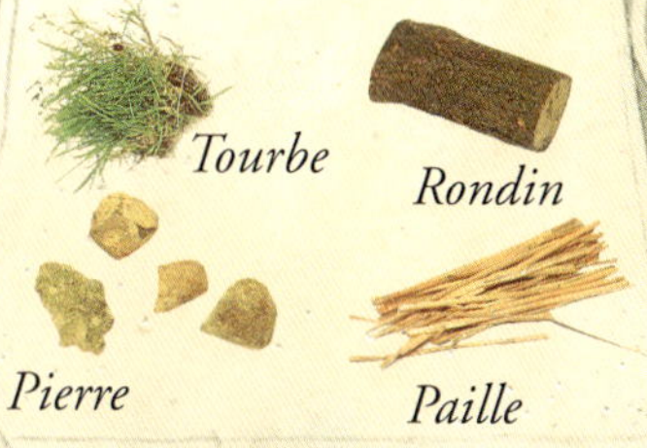

LA RÉSIDENCE SECONDAIRE

Voici la maison longue en pierre qu'Erik le Rouge et sa femme Thjodhild se sont bâtie en débarquant au Groenland, il y a 1 000 ans. La vie dans ces installations était très rude.

Les Vikings s'adaptaient à leur milieu en utilisant les matériaux disponibles sur place. Au Danemark, on se servait du bois, alors qu'au Groenland on utilisait de la pierre.

3 Peins en marron la base et laisse sécher. Colle les murs sur la base. Maintiens-les avec le ruban masque en attendant que ce soit sec.

4 Colle avec le ruban adhésif des couches de paille sur le toit. (À la place de la vraie paille, tu peux couper des brindilles d'une brosse ou d'un balai.)

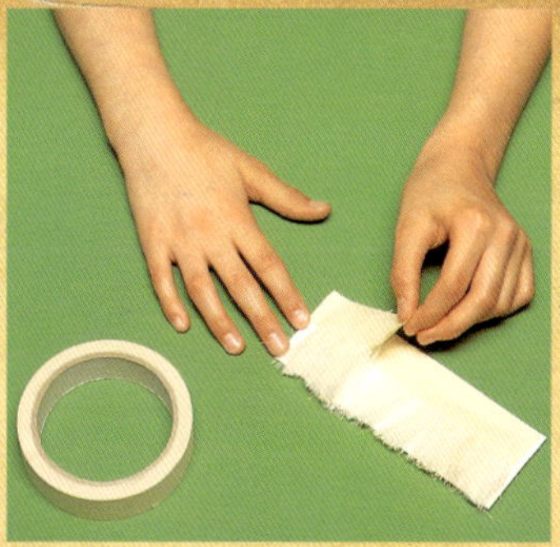

5 Ajoute des couches de paille sur le toit. Attention, les couches doivent être régulières pour obtenir un bon résultat.

6 Colle le toit. Découpe le papier de verre en morceaux et colle-le par terre pour simuler un sol rugueux. Colle du balsa devant l'entrée pour faire un chemin.

L'INTÉRIEUR D'UNE MAISON VIKING

L'intérieur de la maison n'est pas très éclairé. Il peut n'y avoir qu'une petite fenêtre avec des volets en bois et pas de vitre. On fait un feu de bois ou de tourbe dans le foyer en pierre, au milieu de la grande salle, et la fumée, qui s'échappe par un trou dans le toit, pique les yeux. Dans les maisons des familles riches, les murs et les poutres en bois sont parfois superbement sculptés. Des tapisseries ornent les murs. Par terre se trouvent des nattes en jonc odorant, qu'on jette quand elles sont sales. Le jour, on s'assoit sur les banquettes construites contre les murs ; on dort dessus la nuit. Par la suite, les riches pourront avoir un lit joliment sculpté. Les matelas sont remplis de duvet ou de paille. Sur le lit, il y a des couvertures de laine ou de chaudes fourrures. Le mobilier est plus rare qu'aujourd'hui. Armes, outils et vêtements sont accrochés au mur ou rangés dans des coffres. On peut cacher son argent et ses bijoux dans des cassettes. Les denrées, telles que le beurre, le poisson salé ou la farine, et les boissons comme la bière se conservent dans des seaux, des tonneaux et des baquets.

UNE FAIBLE LUMIÈRE
De petites lampes étaient posées sur les tables ou accrochées au plafond. Taillées dans la stéatite, elles étaient remplies d'huile avec une mèche. Elles donnaient une faible lumière, qui vacillait au moindre courant d'air. Travailler à l'intérieur de la maison était difficile.

UN FOYER CENTRAL
Sur cette image d'un foyer datant d'une centaine d'années, on voit des marmites qui mijotent dans une ferme islandaise. Le foyer était au centre de la maison du Viking, à laquelle il apportait lumière et chaleur.

UNE CORNE À BOIRE

Matériel : papier épais, crayon, règle, ciseaux, chope, ruban adhésif, papier marron, pâte à modeler qui sèche à l'air, journal, eau, colle PVA, brosse, peintures blanc, noir et marron, gobelet d'eau, pinceau, papier d'argent.

1 Coupe le papier en bandes de 28 cm de long et de largeurs différentes. Enroule la plus large autour de la chope pour former un anneau et colle les extrémités avec le ruban adhésif.

2 Enroule ensuite la plus large de celles qui restent et colle-la sur la précédente. Forme d'autres anneaux de plus en plus petits.

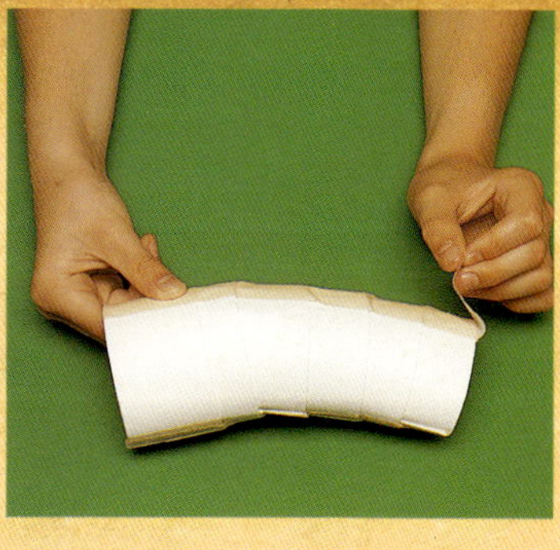

3 Pose chaque anneau sur le précédent et colle-les avec le ruban adhésif. Tu vas obtenir une corne incurvée.

UN LIT ROYAL

Une princesse ou une reine a dormi dans ce beau lit, retrouvé dans un bateau enterré en Norvège. Seuls les riches possédaient un lit et une chambre. Les autres Vikings dormaient sur des banquettes recouvertes d'une simple natte.

PRÉSERVEZ LE BUTIN !

Ce type de clefs servait à fermer des coffres, où les Vikings enfermaient leurs biens les plus précieux – or, argent et poignards.

CHEZ UN VIKING DE JORVIK

Voici la reconstitution d'une ancienne maison de Jorvik. Des paniers et des sacs pendent au plafond et un gros tonneau se trouve dans le fond. Un vieil homme se réchauffe au coin du feu. Sans doute raconte-t-il ses expéditions en mer du temps de sa jeunesse...

Le Viking remplissait sa corne à boire d'hydromel, un mélange de miel, d'eau et de levure.

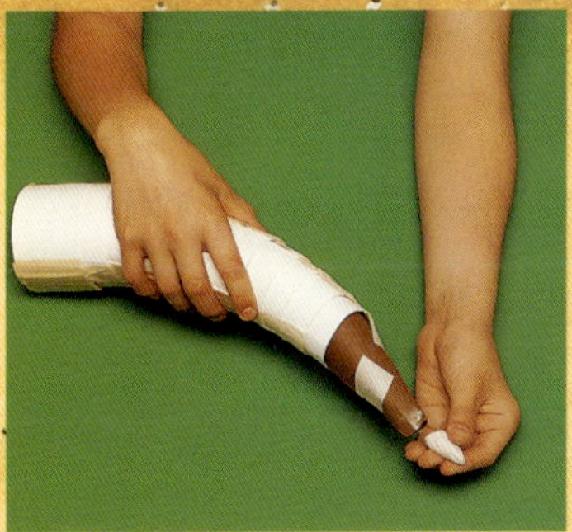

4 Fais un cône avec le papier marron pour former le bout pointu de la corne et attache-le. Entoure-en l'extrémité de pâte à modeler. Laisse sécher.

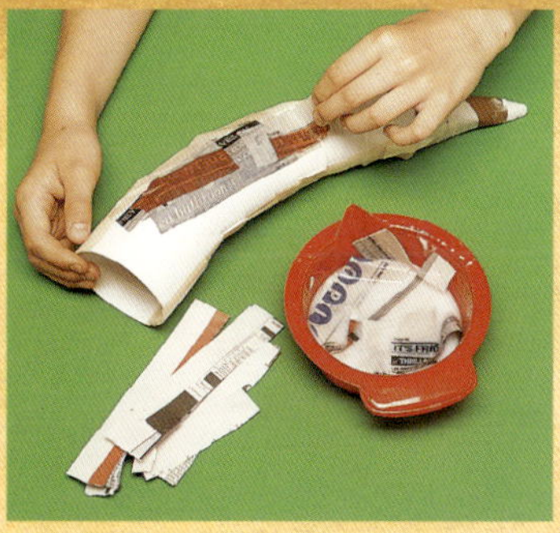

5 Recouvre la corne de papier mâché. Pour cela, découpe des bandes dans le journal, trempe-les dans l'eau et colle-les sur la corne. Laisse sécher, puis recommence.

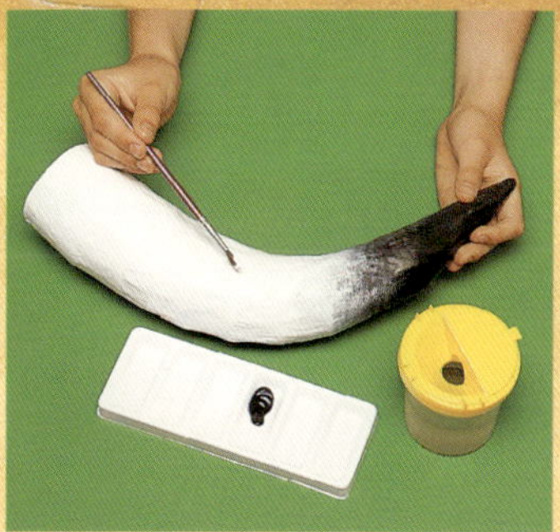

6 Quand le papier mâché est sec, peins la corne. Pour lui donner l'air vrai, peins la partie principale en blanc et l'extrémité en noir et marron.

7 Découpe un motif dans le papier d'argent et colle-le sur le bord. Les vraies cornes des Vikings étaient souvent décorées d'argent.

La vie de famille

Aujourd'hui encore en Islande, tout le monde a l'air de connaître votre famille et de savoir où vous habitez. À l'époque des Vikings aussi, tous les membres jouaient un rôle dans la famille, y compris les grands-parents, les oncles et les tantes. Les liens familiaux étaient très forts et la loyauté était un sentiment très exacerbé. Si un membre avait été attaqué, les autres cherchaient à le venger. Les querelles entre deux familles pouvaient se transmettre de génération en génération, conduisant à des combats, à des vols et, parfois, au meurtre.

Le père de famille avait un grand pouvoir sur les autres membres de la famille. S'il trouvait qu'un nouveau-né était trop chétif, il le laissait mourir. Quand un fermier mourait, son fils aîné héritait de la ferme. Le reste de la famille devait s'en aller et les fils cadets devaient se trouver de nouvelles terres à cultiver. Les mères étaient souvent de fortes femmes, qui avaient de l'influence sur la famille. On n'allait guère à l'école. Manier l'épée ou la hache était alors plus important que savoir lire et écrire. En grandissant, l'enfant devait travailler dur et aider dans la maison. Il était parfois placé dans une autre ferme et devait travailler en échange de son entretien.

SE RENDRE UTILE
Cette reconstitution d'une échoppe du marché de Jorvik montre un jeune garçon aidant ses parents. Les jeunes Vikings secondaient souvent leurs parents dans le commerce. Ils apprenaient la valeur des marchandises, et aussi à se servir d'une balance.

STÈLES FAMILIALES
Les Vikings dressaient des pierres pour honorer des proches, famille ou ami, qui venaient de mourir. Celle-ci a été élevée par Tjagan et Gunnar en Suède, en mémoire de leur frère Vader.

VIVRE DANS LA PEUR

Des histoires anciennes racontent des querelles sans pitié entre les familles. Des assassins pouvaient se présenter dans une maison et menacer de tout brûler et de tuer tout le monde. Les familles vikings risquaient aussi d'être attaquées dans leur nouveau territoire par des habitants de la région ou d'autres pilleurs venus d'ailleurs.

POUR AVOIR DES ENFANTS

Une femme qui voulait faire un bon mariage et avoir des enfants priait Freyr, le dieu de l'Amour et de la Fertilité. Ces porte-bonheur suédois dorés à la feuille représentent Freyr et sa femme Gerda, fille d'un Géant appelé Gymir.

GRANDIR

Les enfants devaient travailler dur à l'époque viking. Les garçons apprenaient à cultiver les champs, à labourer et à partir en mer. Les filles devaient savoir filer et tisser, traire les vaches et faire la cuisine. Quand ils avaient fini leur travail, les garçons pouvaient sans doute jouer ou aller pêcher. Les filles, en revanche, devaient aller cueillir des baies et ramasser des champignons.

UNE TOMBE

C'est le squelette d'une femme viking d'Islande. Les archéologues ont appris comment les femmes vivaient à l'époque en étudiant les objets placés dans leur tombe et qui devaient leur servir dans l'autre monde.

LE RETOUR AU PAYS
Porte-bonheur d'Öland, en Suède. Une Walkyrie accueille Odin à son retour au Walhalla. Elle porte l'habit viking traditionnel. Ses longs cheveux sont retenus dans le dos par un foulard et elle porte une robe plissée.

La femme viking

Bien qu'elle n'ait pas le droit de parler devant l'assemblée, la femme viking est plus indépendante que beaucoup de femmes européennes de son temps. Elle peut choisir son mari, posséder du bien en propre et demander le divorce. Lors du mariage, les futurs mariés doivent prononcer leurs vœux devant des témoins. Des stèles montrent que beaucoup de maris aiment leur femme et la traitent avec respect.

Dans des régions aussi rudes et au climat aussi rigoureux que l'Islande ou le Groenland, la femme doit être résistante. C'est elle qui fabrique les vêtements en lin ou en laine de la famille, prépare et fait cuire le repas, nettoie la maison.

C'est elle aussi qui doit diriger la ferme et la main-d'œuvre quand les hommes sont en mer ou font du commerce au loin. Elles ne savent jamais si leur mari, leurs frères ou leurs fils reviendront de la guerre ou périront en mer dans la tempête.

LE TRAVAIL
Dans cette reconstitution de Jorvik, une femme viking va chercher de l'eau au puits. Des oies furieuses lui barrent le chemin. Les femmes travaillaient de l'aube au crépuscule. Elles devaient repriser les vêtements, s'occuper du poulailler, faire la cuisine et gronder les enfants ! Elles passaient aussi des heures à filer et à tisser la laine pour les vêtements.

BEAU ET PRATIQUE

Les femmes portaient de longues tuniques retenues par deux broches. Celle-ci, découverte au Danemark, est en or. Elle a plus de 1 000 ans. Les femmes portaient des vêtements commodes et confortables.

POUR SE FAIRE BELLE

Cette plaque en os de baleine vient de Norvège. Avant de se rendre à un mariage ou à une fête, la femme viking pouvait lisser ou plisser sa robe sur ce type de plaque, en prenant une boule de verre en guise de fer à repasser.

LE TISSAGE

Les métiers à tisser vikings ressemblaient à celui-ci. La chaîne, ou les fils perpendiculaires, pendait à une barre transversale. La trame, les fils qui la croisent, passait entre eux pour former le tissage. Dans chaque maison viking, la femme tissait la laine.

LA NOUVELLE REINE

L'image représente la reine Aelfgyfu avec son mari le roi Knud, en Angleterre. Aelfgyfu était la seconde femme de Knud. Ils posent une croix sur un autel. La reine était la femme la plus puissante de la société scandinave.

LA FEMME BIEN-AIMÉE

Cette pierre est un monument consacré par le roi Gorm à sa femme. On peut lire : « Le roi Gorm dédie ce mémorial à sa femme Thyri, parure du Danemark. » Ces messages gravés dans la pierre montrent les qualités que les Vikings admiraient le plus chez les femmes.

Habits et parures

Le costume traditionnel des femmes et des fillettes se composait d'une longue chemise en lin ou en laine. Par-dessus, elles portaient une chemise en laine avec des bretelles maintenues par des broches décorées. Celles-ci étaient souvent reliées entre elles par une chaîne ou un rang de perles. Parfois, une chaîne pendait à leur côté, retenant des clés. Hommes et femmes avaient des pantalons longs et des tuniques en laine à manches descendant au genou. Les couleurs vives étaient courantes. Le commerce avec l'Asie avait introduit de riches étoffes, comme la soie, dans les foyers. Des capes et des bonnets en laine permettaient de se protéger du froid. Les chaussures et les bottes étaient plates et en cuir. Les hommes portaient souvent la barbe. Hommes et femmes avaient les cheveux longs. On pouvait attacher les cheveux sur la nuque, mais, souvent, les femmes les tressaient, les nouaient ou les ramassaient sous un foulard. Les Vikings aimaient les bijoux voyants, surtout les bagues, les bracelets et les colliers en or ou en argent, souvent décorés de motifs. Les bijoux étaient un signe de richesse et pouvaient remplacer l'argent lors d'un achat.

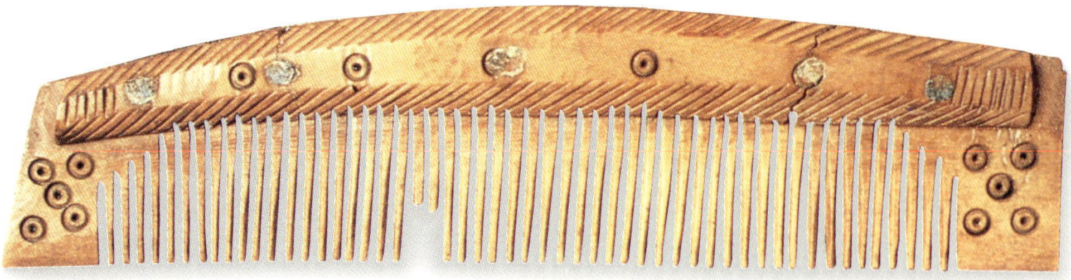

PEIGNES
Hommes et femmes prenaient grand soin de leur longue chevelure. Leurs peignes étaient souvent en bois de cerf magnifiquement sculptés.

BOTTES ET BOTTINES
Les cordonniers fabriquaient chaussons, chaussures et bottes en veau ou en chèvre qu'on laçait à l'aide d'une lanière en cuir. On remplaçait les semelles quand elles étaient usées. Ces chaussures ont été retrouvées à Jorvik.

Une broche

Matériel : argile à modeler, planche, colle PVA, brosse, ficelle, peinture acrylique couleur bronze, pinceau, gobelet d'eau, compas, papier calque, crayon, règle, papier doré, ciseaux, carton, épingle de nourrice, ruban masque.

1 Place une boule d'argile sur la planche et donne-lui la forme d'une plaque de broche d'environ 2 ou 3 cm de diamètre. Laisse-la sécher dans un endroit chaud.

2 Mets de la colle sur le pourtour de la broche et colle la ficelle tout autour comme sur le dessin. Cela fera la bordure de ta broche.

3 Quand la broche est sèche, peins-la soigneusement en bronze, sans oublier la bordure en ficelle. Laisse sécher dans un endroit chaud.

AMBRE PRÉCIEUX
L'ambre est une résine de pin translucide, qui a durci et s'est fossilisée à l'époque préhistorique. Ses tons chauds, or et bruns, lui valurent la faveur des orfèvres vikings. On façonnait aussi de beaux colliers en perles de verre coloré.

Ambre

Verre

OR ET BIJOUX

Ce tas d'or et de bijoux a été enfoui en Norvège vers l'an 800. Il comprend de jolies bagues, des colliers et d'autres bijoux venus de France, d'Angleterre et des pays arabes qui ont probablement été pillés. Souvent, l'or des bijoux était fondu pour être revendu.

ARGENT ENTERRÉ

Cette superbe broche en argent de plus de 1 000 ans était enterrée avec d'autres objets dans le nord de l'Angleterre. Les broches servaient à agrafer les capes et les robes.

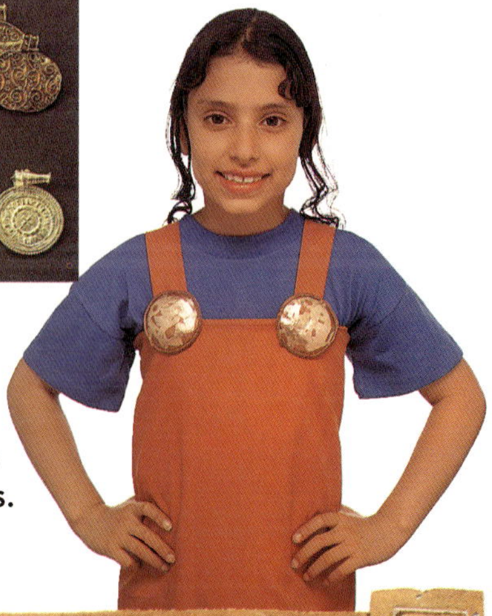

Les broches n'étaient pas seulement décoratives. Elles permettaient d'agrafer les capes et les tuniques.

CHAUSSETTES

Cette chaussette a été retrouvée à Jorvik. Il est assez rare de retrouver du tissu, car il se détériore plus vite que le métal ou la pierre. Les quelques pièces qui nous sont parvenues se sont conservées dans un sol détrempé protégé de l'air.

4 Dessine au compas deux cercles de la taille de la broche sur du papier calque. Dessine un motif viking classique dans les cercles, ou copie-le à partir d'un livre.

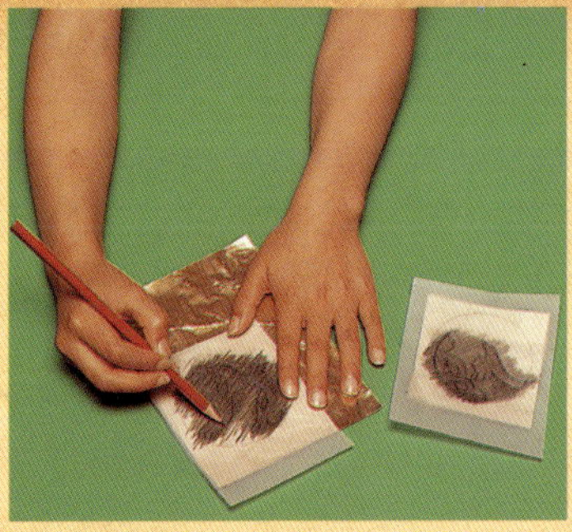

5 Reporte les motifs sur le papier doré. Attention de ne pas le déchirer. Découpe le motif en petits morceaux qui s'entrecroisent.

6 Colle les morceaux sur l'une des broches et laisse sécher. Fais de même sur l'autre broche.

7 Découpe et colle un cercle de carton au dos des broches. Attaches-y une épingle de nourrice avec du ruban masque. Et voilà, ta broche est prête !

L'AGRICULTURE ET LA PÊCHE

Fameux guerriers et pirates redoutables, les Vikings vivent surtout de l'agriculture et de la pêche. Leurs meilleures terres se trouvent principalement au Danemark et dans le sud de la Suède. Ceux qui s'installent à l'étranger sont confrontés à des sols très pauvres et à un climat rude. Il y a des poules et des cochons dans la plupart des fermes. On élève aussi des moutons, des chèvres et du bétail. En Norvège, on mène des troupeaux de vaches paître en montagne pendant l'été et on les reconduit à la ferme pour l'hiver. Au début des grands froids, on abat beaucoup de bétail. Cette viande est salée, séchée ou fumée pour être conservée. Parmi les céréales figurent le blé, l'avoine et l'orge. On cultive le lin dans les régions plus tempérées, comme le Danemark, et on le tisse. Les outils sont fabriqués à la ferme avec du bois et du fer, comme la houe, le pic, la pelle, la faux, la faucille et la cisaille. Les thralls défrichent les forêts, creusent, battent le grain et moissonnent.

PONEYS VIKINGS

Ces robustes petits poneys viennent d'Islande. Ceux que les Vikings élevaient en Islande, dans les îles Shetland (au nord de l'Écosse) et dans le nord de la Scandinavie avaient une épaisse fourrure en hiver. Ils paissaient des mottes de gazon et recevaient du foin en hiver. Ils servaient à transporter la tourbe et d'autres charges, et on les montait.

LA MOISSON DE LA MER

Les pêcheurs utilisaient des filets et des hameçons métalliques à barbillons (petites pointes) pour appâter leurs proies. Il y avait toutes sortes de poissons d'eau douce dans les lacs et les rivières. La mer Baltique, la mer du Nord et l'océan Atlantique fournissaient d'autres espèces, tels le hareng et la morue. Leurs repas se composaient en grande partie de poisson.

LE BATEAU DE PÊCHE

Des scènes de pêche comme celle-ci étaient fréquentes dans les fjords de Norvège ou sur les côtes d'Islande. Cette sculpture du nord de l'Angleterre représente le dieu Thor et le géant Hymir qui cherchent à pêcher le serpent de Midgard.

Les céréales

Les Vikings cultivaient diverses céréales, y compris le blé, l'orge et le seigle. Les plantes étaient plus chétives qu'aujourd'hui. À l'époque des moissons, maîtres et esclaves travaillaient ensemble. Ils fauchaient les céréales à la faucille et battaient le grain.

APRÈS LA TONTE
Cette reconstitution moderne de Jorvik représente un jeune berger et son chien avec une toison nouvellement tondue. La plupart des tissus étaient en laine.

LE TRAVAIL DE LA TERRE
L'époque des semailles, représentées sur la tapisserie de Bayeux. Un homme laboure, l'autre sème. Cette merveilleuse broderie date de 1077 environ. Elle se déploie sur 70 m de long et 50 cm de haut. Elle raconte la conquête de l'Angleterre par les Normands et la vie quotidienne des fermiers.

À BOIRE ET À MANGER

La famille viking fait deux repas par jour. La cuisine se prépare sur un foyer central, même si quelques grandes fermes possèdent une cuisine séparée. Les chefs donnent dans la grande salle des festins largement arrosés et la célébration d'un mariage peut durer plusieurs semaines.

Avec l'avoine, l'orge et le seigle, on fabrique du pain et du gruau (bouillie de céréales). La farine moulue à la main est souvent grossière et grince sous la dent. Les pauvres y ajoutent des pois et de l'écorce pour l'allonger. La pâte est travaillée dans de grands pétrins en bois, puis cuite dans un four ou sur des pierres. La viande de chèvre, de bœuf et de cheval, fort appréciée, se mange rôtie sur le feu ou mijotée dans des marmites. Par la chasse, on se procure le gibier, le renne, l'ours, le gibier d'eau et le lièvre. Le sucre étant inconnu en Europe, on adoucit les mets avec du miel, dont on tire aussi l'hydromel, une boisson alcoolisée. On fabrique du vin avec des fruits et des baies. On verse dans de grandes cornes la bière tirée de l'orge.

VES HEILL !

« À votre santé ! » lançait-on en Islande au moment de boire. Le Viking buvait sa bière dans une corne souvent superbement décorée, avec un rebord en métal précieux.

À BOIRE !

En Angleterre en 1086, les seigneurs normands font un banquet. Ils ont conquis l'Angleterre 20 ans plus tôt avec Guillaume le Conquérant. Ils sont les descendants de Rollon et des Vikings qui ont reçu la Normandie en 911 du roi de France. La vie sociale était centrée dans la grande salle où se tenaient les banquets.

SUR LA TABLE

Bols et assiettes étaient en bois et les cuillères en corne ou en métal. Les fourchettes n'existaient pas. On prenait la viande avec les doigts et on la coupait avec une dague.

UN PAIN VIKING

Matériel : 2 tasses de farine blanche, 1 tasse de farine complète, tamis, terrine, 1 cuillère à café de levure, 1 cuillère à café de sel, 1 tasse de graines comestibles, 2 tasses d'eau tiède, cuillère ou spatule en bois, plaque de four.

1 Commence par te laver les mains, puis tamise dans la terrine la farine blanche avec une tasse de farine complète.

2 Saupoudre le mélange avec la levure et le sel. Le sel relèvera le goût du pain.

3 Mélange la moitié des graines dans la pâte. Les graines de tournesol croquent sous la dent, mais on peut en choisir d'autres.

Le goût des Vikings

Les légumes n'étaient sans doute pas aussi beaux qu'aujourd'hui. Les choux et les pois étaient coriaces et filandreux. Les graines, l'ail et les herbes, tels l'aneth et la coriandre, qui souvent poussaient à l'état sauvage, donnaient du goût aux mets.

Aneth

Coriandre

Remplis mon verre !

Les coupes et la cruche se trouvaient probablement sur la table d'un marchand de Birka, une ville commerçante suédoise. Elles ont pu contenir de l'eau, du vin ou de l'hydromel. Beaucoup de poteries scandinaves étaient importées d'Allemagne et des pays du Sud.

Les Vikings agrémentaient leur pain de graines et de pois cassés. Les graines de tournesol peuvent avoir aujourd'hui le même usage.

4 Ajoute l'eau tiède et remue bien avec une cuillère en bois. À ce stade, le mélange doit être assez consistant et résister à la cuillère.

5 Pétris maintenant la pâte avec les mains. Mets de la farine sur tes mains pour que la pâte ne colle pas.

6 Quand la pâte est bien pétrie et ne colle plus, pose-la sur une plaque huilée. Répartis le reste des graines sur ton pain.

7 Mets la plaque dans le four froid, ce qui aidera le pain à lever. Allume le four sur 190° (thermostat 5) et laisse cuire 1 heure.

Les transports terrestres

À l'époque viking, les routes étaient en mauvais état, les chemins en général boueux. Les Vikings édifiaient leurs routes en rondins. Ils construisaient des chaussées à travers des terrains marécageux. Dans de nombreuses régions, on allait plus vite en bateau qu'à pied à travers la montagne ou les landes. Dans le nord, la neige et la glace rendaient les déplacements difficiles en hiver, même si les Vikings savaient surmonter les rigueurs du climat. Les Vikings étaient de bons cavaliers. Ils montaient à cheval pour se déplacer et pour aller au combat. Les chevaux transportaient les bagages et tiraient les charrettes et les chariots. Le traîneau servait également à transporter des charges aussi bien dans l'herbe que dans la neige ou sur la glace. Les charrettes et les traîneaux retrouvés dans le bateau funéraire d'Oseberg étaient merveilleusement travaillés. Les Vikings avaient aussi des skis, des patins et des bottes de neige pour se déplacer en hiver.

TRAÎNEAU SCULPTÉ
On a retrouvé quatre traîneaux en bois dans la tombe de la reine viking enterrée à Oseberg, en Norvège. Ils ont été conçus pour être attelés à un cheval. Trois d'entre eux sont superbement décorés.

POUR PARTIR À LA GUERRE
Figurine équestre en argent représentant un guerrier viking portant l'épée. Retrouvée dans la ville marchande de Birka, en Suède, elle a plus de 1 000 ans. Les Vikings étaient d'excellents cavaliers.

HARNACHEMENT
Les étriers, venus d'Asie, sont arrivés en Europe à l'époque viking et ont très vite été adoptés. Parmi les autres vestiges de harnachement découverts par les archéologues figurent éperons (ci-contre), selles, brides et harnais. Ils sont souvent magnifiques.

Un traîneau

Matériel : carton épais, règle, crayon, cutter, colle PVA, brosse, peinture acrylique rouge, pinceau, gobelet d'eau, papier fort, ciseaux, attaches à tête métallique, ruban masque, ficelle rouge, tissu pelucheux.

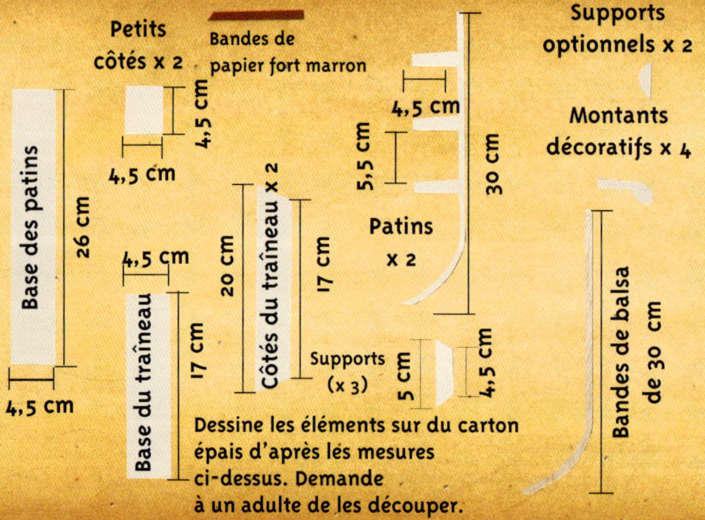

Dessine les éléments sur du carton épais d'après les mesures ci-dessus. Demande à un adulte de les découper.

1 Colle les quatre montants aux coins supérieurs du traîneau et laisse sécher. Peins les deux côtés des éléments qui formeront le dessus du traîneau.

UNE FORCE DE CHEVAL

Les brides et les harnais qui nous sont parvenus prouvent l'importance croissante du cheval pour les Vikings. Leurs descendants, les Normands, furent parmi les premiers guerriers cavaliers d'Europe.

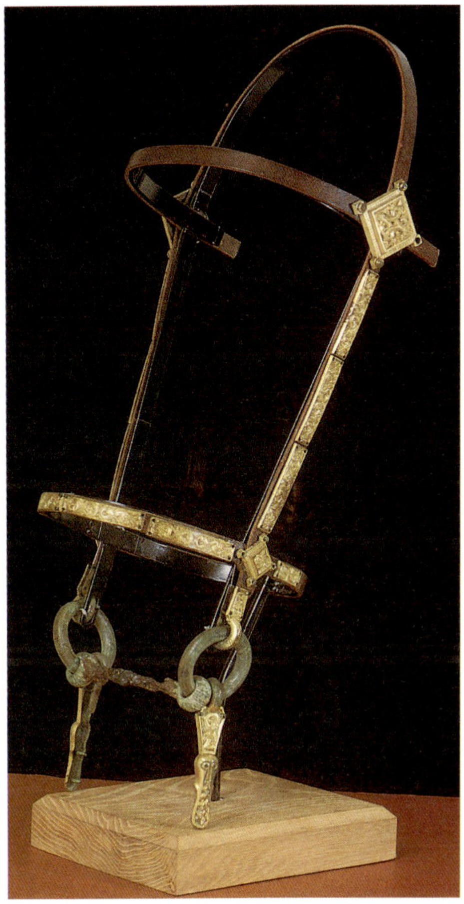

CHARIOTS EN BOIS

Ce chariot royal richement sculpté fut retrouvé dans le bateau funéraire d'Oseberg. La partie supérieure pouvait se retirer pour servir de cercueil. De semblables chariots figurent sur une tapisserie découverte sur le même site.

EN SELLE !

Arcade de selle ornée d'argent et de corne, découverte à Jorvik. La selle comporte deux arcades, l'une devant (le pommeau) et l'autre derrière, qui aident le cavalier à mieux se tenir en selle.

Imagine une jeune princesse viking, emmitouflée dans ses fourrures, qui glisse sur la glace et la neige dans un traîneau comme celui-ci.

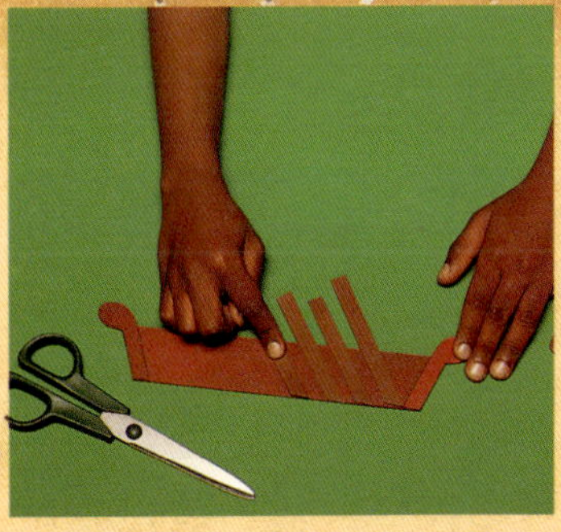

2 Découpe plusieurs bandes de papier fort marron. Entrecroise-les pour former un motif décoratif sur les côtés du traîneau. Coupe-les et colle-les.

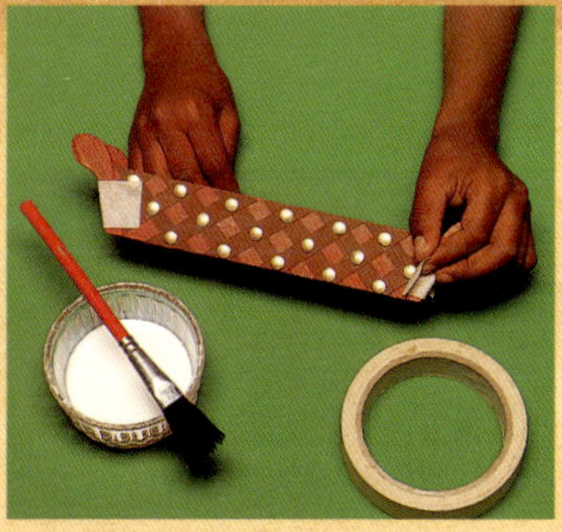

3 Demande à un adulte de faire des trous avec un poinçon. Passe les attaches dans les trous. Colle le dessus du traîneau. Maintiens le tout avec du ruban masque.

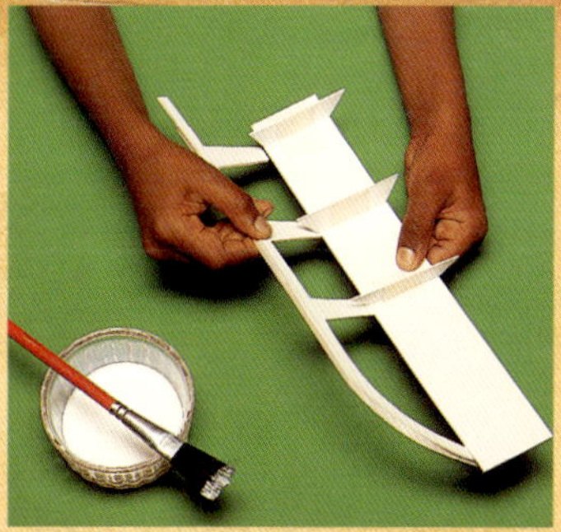

4 Pendant que le tout sèche, assemble et colle les huit morceaux qui forment la base du traîneau. Colle les deux supports pour renforcer la base.

5 Peins la base en rouge et laisse sécher. Quand c'est bien sec, enduis de colle et pose la partie supérieure sur l'autre. Laisse sécher.

Tous les bateaux

BON VENT !

Cette image gravée dans une pierre de Götland, en Suède, représente un petit bateau. Comme les drakkars, il a une voile rectangulaire, un mât unique et une large barre vers la poupe. On distingue aussi les cordages et le gréement.

Les Vikings dépendent de la mer. Pour eux, c'est une route large et facile. Ils font en bateau le tour des îles et des fjords où ils sont installés. Des poissons, des phoques et des baleines, ils tirent non seulement leur nourriture, mais aussi l'huile, la peau et les os. Les Vikings sont d'excellents navigateurs. Ils sont parmi les constructeurs de bateaux les plus compétents du monde. Le drakkar, un mot qui signifie « dragons », peut mesurer 23 m de long. C'est le plus connu de leurs bateaux. Ce navire, effilé et lisse, à voile carrée, sert à traverser l'Océan et à faire la guerre, mais il est assez plat pour remonter une rivière à la rame. Il a un pont ouvert sans cabine ni banc. Les rameurs sont assis sur des malles couvertes de peau qui contiennent leurs trésors, leurs armes et leurs rations alimentaires. Les Vikings construisent aussi d'autres bateaux. Ils ont des navires en gros madriers (poutres) pour transporter des cargaisons le long de la côte, ainsi que des petits bateaux à voile et à rames pour se déplacer et pêcher. Ils ont tous une jolie forme arrondie, poupe et proue relevées.

Færing

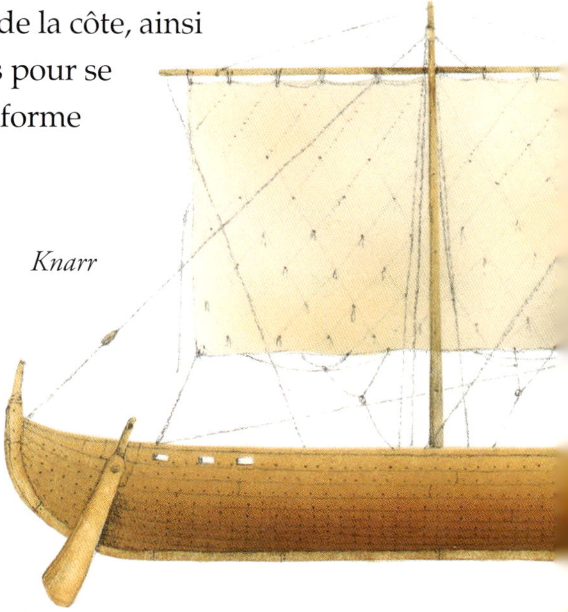

Knarr

FRANCHIR LA CRÊTE DES VAGUES

Le *knörr* était un bateau de commerce conçu pour l'Océan. Il avait un pont couvert aux deux extrémités. On pouvait remplir la cale à ras bord de ballots de laine. Il pouvait avoir à bord une petite embarcation à quatre rames, le fœring, qui servait pour une journée de pêche dans le fjord.

Un drakkar

Matériel : carton épais, crayon, règle, ciseaux, peintures marron, noir, rouge et blanc, pinceau, gobelet d'eau, bandes et baguette de balsa, colle PVA, brosse, cutter, papier ruban, papier marron clair et foncé, ficelle.

Demande à un adulte de découper les morceaux de carton épais d'après les mesures ci-dessous.

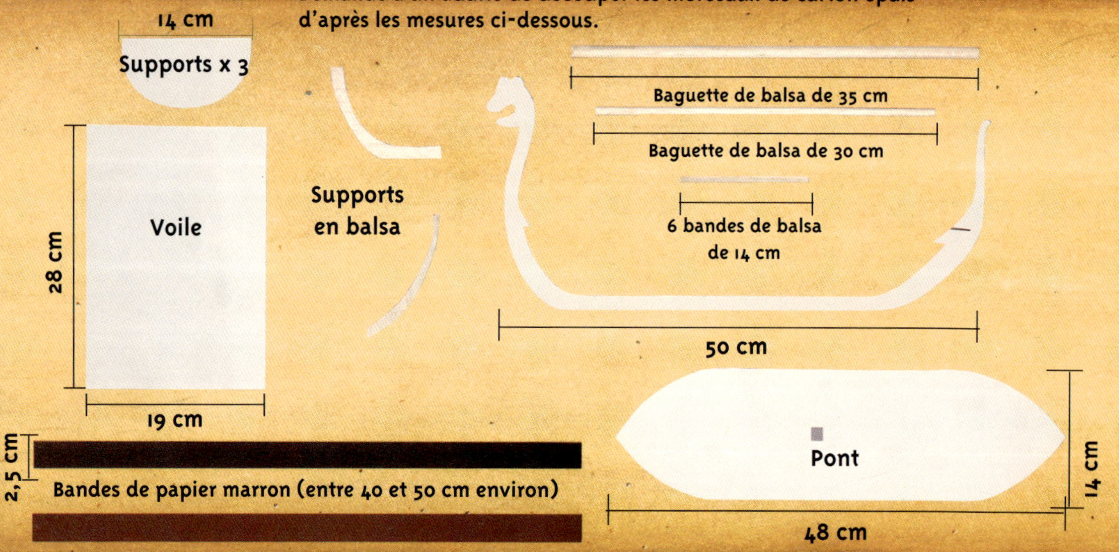

UN CHANTIER NAVAL

Scène de la tapisserie de Bayeux. On construit les bateaux avant d'aller envahir l'Angleterre en 1066. Les Normands construisaient les bateaux à la manière de leurs ancêtres vikings. Les charpentiers coupaient les planches à la hache et les perçaient avec une vrille.

LE BATEAU DE GOKSTAD

On a retrouvé des navires royaux sous des tumulus à Gokstad et à Oseberg, en Norvège. Ces bateaux funéraires sont de toute beauté, mais ne sont pas conçus pour de longues traversées.

UN BATEAU ROYAL

Le bateau découvert à Gokstad devait ressembler à cette image. Comme c'était un navire royal, il était fait du plus beau chêne et le mât était en pin.

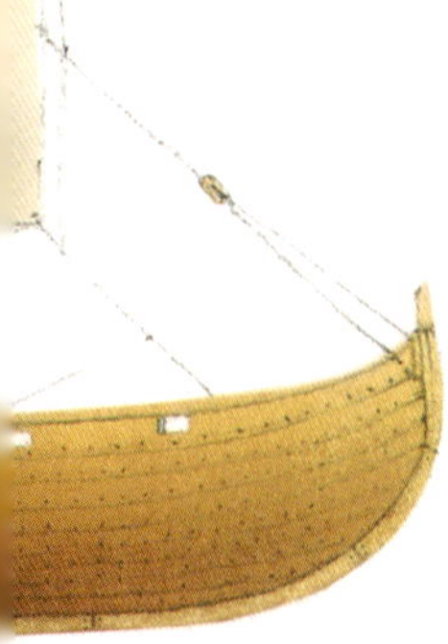

1 Découpe la forme du pont et peins-le en marron clair d'un côté, noir de l'autre. Quand il est sec, dessine les planches du bordage tous les 5 mm sur toute la longueur.

2 Colle le balsa perpendiculairement aux planches sur le côté marron du pont. Demande à un adulte de percer un trou au cutter dans le pont pour le mât.

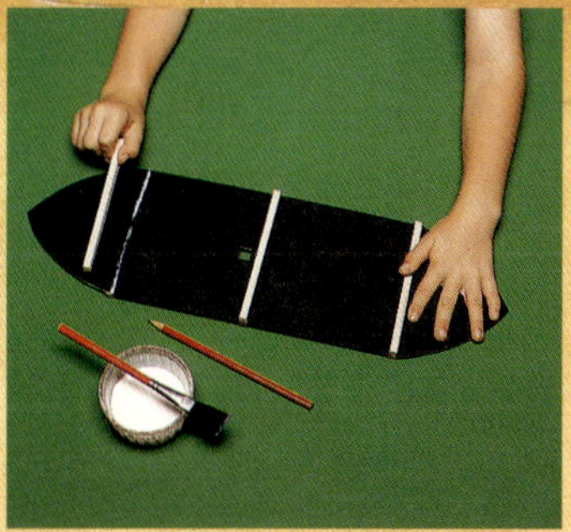

3 Retourne le pont. Mesure et coupe trois autres planches en balsa, que tu colleras à la même hauteur que les autres, sur l'autre face.

4 Coupe et colle trois morceaux de carton en demi-cercle pour les traverses.

Suite des indications pour la construction du bateau, page suivante.

Le drakkar

Les Vikings n'appelaient pas leur bateau de guerre drakkar, mais *langskip*. Ils le construisaient sur le rivage. Pour la quille, colonne vertébrale du bateau, qui mesurait 18 m de long ou plus, on utilisait une seule poutre en chêne. Des clous et des rondelles en fer fixaient les longues planches du bordage sur la charpente. Les drakkars étaient bordés à clins, ce qui veut dire que chaque épaisseur de planches chevauche la suivante, comme les tuiles sur un toit. Cela, de même que les traverses, renforçait la charpente. Les planches étaient rendues étanches par un rembourrage de laine ou de poils d'animaux enduit de goudron à base de résine de pin. Les ouvertures pour les avirons parcouraient la partie supérieure sur toute la longueur du navire. Une large barre était fixée à tribord (du côté droit) de la poupe par des courroies. Le mât en pin pouvait s'abaisser. Il soutenait une grande voile carrée ou rectangulaire en grosse laine ou en lin, souvent décorée de rayures. Le gréement était fait de cordages en chanvre ou en peau de phoque.

UNE TÊTE DE DRAGON

La haute proue du drakkar était souvent sculptée. La proue de cette reproduction est ornée d'un dragon féroce, ce qui a donné au langskip son surnom de *drakkar* (dragon). Ce genre de sculptures, qui avait sans doute pour fonction de repousser les mauvais esprits, agissait au moins sur l'ennemi !

5 Dessine soigneusement et découpe les éléments de la quille. Peins un côté en rouge et laisse sécher. Ensuite, peins l'autre côté.

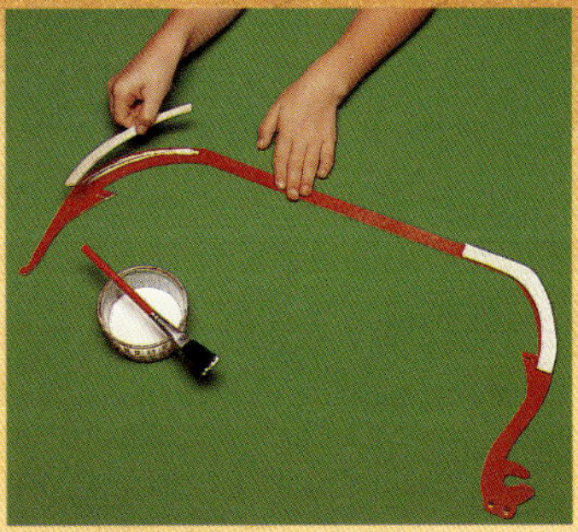

6 Quand la peinture est sèche, colle les morceaux de balsa sur les parties recourbées de la quille pour les renforcer. Laisse-les sécher.

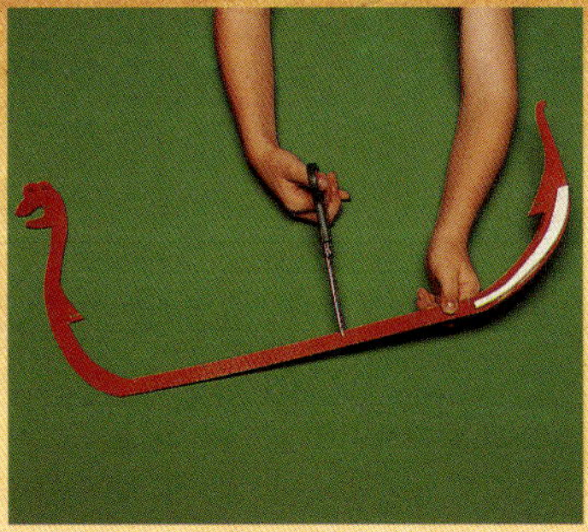

7 Quand la colle est sèche, mesure et découpe avec des ciseaux trois fentes sur la longueur de la quille. Tu y glisseras les traverses.

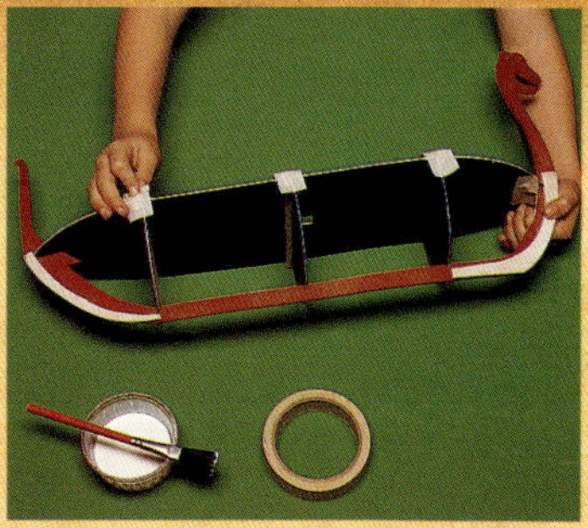

8 Glisse les traverses dans les fentes de la quille et colle-les. Attache-les avec du ruban masque en attendant qu'elles sèchent.

VIKINGS DES TEMPS MODERNES

Des constructeurs de bateaux ont copié les drakkars pour proposer des voyages touristiques ou pour montrer comment ils naviguaient. Ces nouveaux navires se sont révélés solides, rapides et faciles à manœuvrer. Le bordage est souple sur les vagues et est assez léger pour permettre de remorquer le bateau sur le rivage.

LE BOIS DU BATEAU

À l'époque viking, le nord de l'Europe était en grande partie couvert de forêts denses. Le bois ne manquait généralement pas pour construire ou réparer les bateaux. Le chêne avait la faveur des constructeurs, suivi du pin, du hêtre et du frêne.

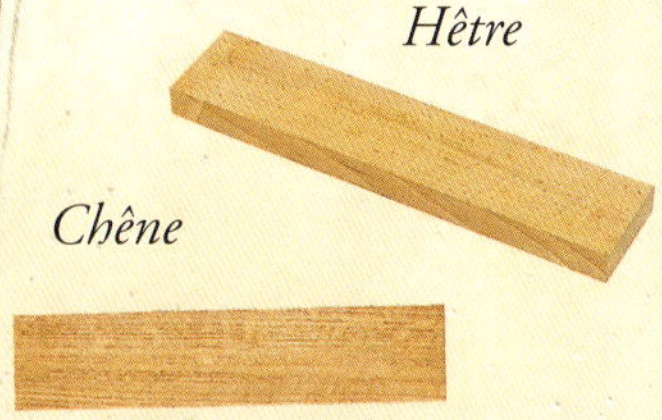

À LA MER !

Le drakkar va en mer avec un équipage de 30 hommes ou plus. Chacun non seulement rame, mais participe au combat. Les boucliers étaient parfois pendus ou encastrés sur le côté du bateau. On pouvait couvrir le pont d'une toile pour se protéger du soleil ou de la pluie.

Les expéditions en drakkar pouvaient durer très longtemps.

9 Coupe des bandes de papier marron clair et foncé pour les planches, ou « bordage », sur le côté de la quille. Colle délicatement une bande de chaque côté.

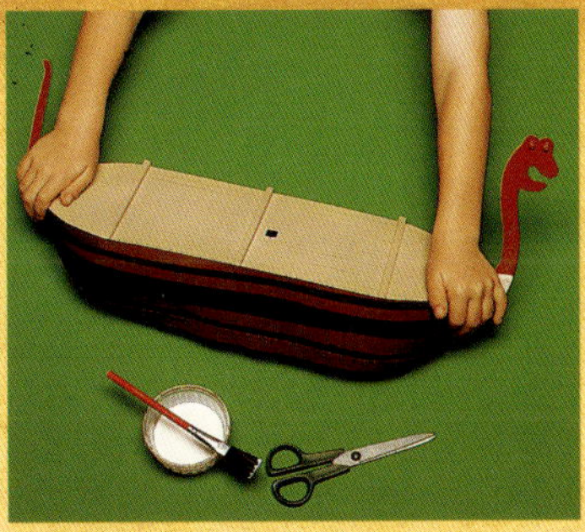

10 Continue de coller les bandes. Coupe les bouts à mesure que tu descends pour former l'arrondi.

11 Demande à un adulte de t'aider à couper deux morceaux de baguette en balsa et colle-les ensemble. Quand c'est sec, attache-les avec une ficelle.

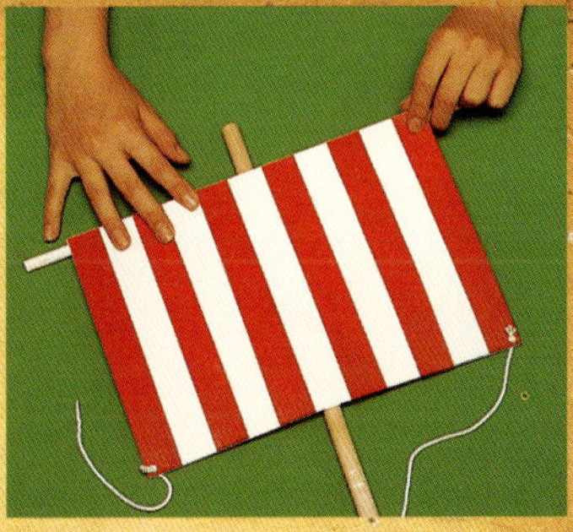

12 Découpe une voile carrée et peins-la en rouge et blanc. Colle-la au mât et attache-y des cordages en ficelle. Peins un dragon sur la proue.

Voyages en mer et navigation

BON VENT !
Des girouettes en bronze doré comme celles-ci surmontaient le mât de nombreux bateaux vikings. Grâce à elles, les marins repéraient les changements de vent. Celle-ci fut disposée plus tard sur le toit d'une église suédoise.

Le drakkar était un bateau rapide, capable d'aller de Scandinavie en Amérique du Nord en moins d'un mois. Toutefois, la plupart des voyages étaient longs et pénibles, interrompus par des tempêtes et des combats. À bord, on transportait des réserves d'eau douce et des denrées faciles à conserver, comme les pommes, le fromage et la viande séchée. Le poisson qu'on pêchait pendant la traversée était un apport de nourriture fraîche. Les guerriers dormaient généralement à bord. Parfois, ils tiraient le bateau au sec et campaient sur la plage.

Les Vikings connaissaient les vents, les courants et les marées mieux que les autres marins européens de l'époque. Quand c'était possible, ils suivaient la côte grâce à des repères. Quand ils traversaient l'Océan, ils se dirigeaient d'après le soleil et les étoiles. Ils traçaient souvent la carte de la côte et des repères, ce qui leur servait dans leurs expéditions lointaines.

Les drakkars étaient fréquemment éloignés de leur route par les tempêtes. C'est ainsi que les Vikings découvrirent l'Amérique du Nord. Un marin appelé Gunnbjorn fut détourné sur le Groenland vers l'an 920, donc 60 ans avant que cette terre soit colonisée par Erik le Rouge. La côte canadienne a été découverte par hasard autour de l'an 985 par un marin égaré, Bjarni Herjolfsson, 17 ans avant l'expédition de Leif Eriksson, connu sous le nom de Leif le Chanceux.

GRAFFITI VIKING
Ce croquis d'un drakkar a été gravé dans le bois par un Viking inconnu. Aujourd'hui, il est exposé au Musée maritime de Bergen, en Norvège.

Une girouette

Matériel : carton épais, crayon, compas, règle, poinçon, peinture acrylique dorée, pinceau, gobelet d'eau, charnières en cuivre, balsa, vis, tournevis, carton doré, colle PVA, brosse.

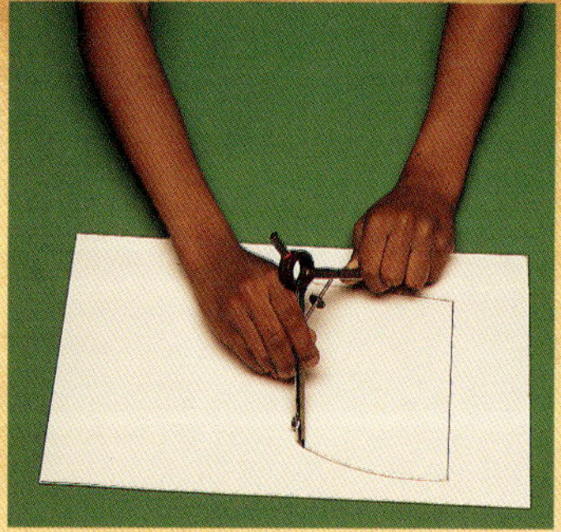

1 Fais un trait sur le carton et tires-en un autre plus petit à angle droit. Sers-toi d'un compas pour tracer la forme arrondie de la girouette.

2 Découpe la girouette puis, avec le poinçon, fais des traits dans le carton. Dessine ton propre motif viking ou recopie celui ci-dessus.

3 Protège la table où tu travailles et passe une fine couche régulière de peinture dorée sur un côté du carton à motif. Laisse sécher. Peins l'autre côté.

À TRAVERS LA TEMPÊTE

Cette peinture représente la flotte des envahisseurs vikings poussée par le vent à travers la mer du Nord. On a dressé des tauds (toiles) pour se protéger de la pluie et de l'eau de mer. Une flotte de drakkars pouvait être importante. On raconte que 300 drakkars pouvaient jeter l'ancre dans le port de la forteresse viking de Jomsberg, au Danemark.

LES PROVISIONS DU MARIN

En plus de son épée et d'une cape en laine bien chaude, le guerrier viking emportait à bord ses propres provisions. Il devait prévoir l'éventualité d'une tempête ou d'un naufrage. Il pouvait emporter du bacon fumé, des noix, du poisson, un tonneau de bière et du fromage dur.

UNE CARTE DU VINLAND

Cette carte comprend l'Europe, l'Afrique du Nord, le Groenland et le Vinland, devenu aujourd'hui Terre-Neuve. Bien que cette carte soit censée être la copie d'une carte viking exécutée en 1440, les chercheurs crient à la supercherie.

Une girouette ornait souvent le sommet du mât d'un drakkar.

4 Place les charnières sur le petit côté du carton. Enfonce avec prudence l'extrémité du poinçon dans les charnières pour faire quatre trous dans le carton.

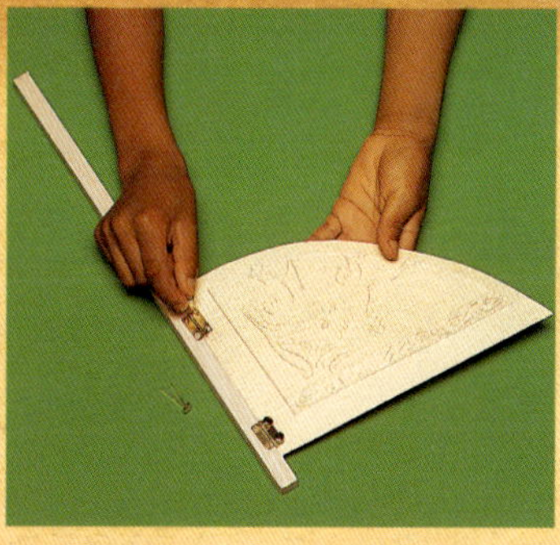

5 Coupe le mât en balsa. Demande l'aide d'un adulte pour visser la girouette au mât à l'aide des charnières et de quelques vis.

6 Dessine au dos du carton doré la forme d'un oiseau ou d'un animal réel ou imaginaire, comme un corbeau ou un dragon. Découpe-le avec soin.

7 Colle l'oiseau ou l'animal doré sur le côté supérieur de la girouette. Laisse sécher. Ta girouette est prête à prendre la mer. Bon vent !

Commerçants et marchands

MONNAIE
Ces pièces en argent ont été découvertes sur le site de la ville marchande de Birka. Elles ont été frappées à Hedeby, vers l'an 800.

BATTRE MONNAIE
Voici un moule : un tampon métallique qui sert à imprimer un motif sur le côté d'une pièce. Ce moule vient de Jorvik. On y voit le dessin d'une épée.

Les Vikings étaient de formidables marchands. Chez eux, les principales villes commerçantes étaient Hedeby au Danemark, Birka en Suède et Kaupang en Norvège. En s'installant sur de nouvelles terres, ils ouvrirent de plus en plus de routes commerciales. Ils firent du commerce avec des pays aussi lointains que l'Angleterre, l'Islande et le Groenland.

Vers l'an 860, les Vikings de Suède ouvrirent de nouvelles routes vers l'est en traversant les terres des Slaves. Ils descendirent à la rame et à la voile des fleuves comme la Volga, le Volkhov et le Dniepr. Les marins vikings contournèrent les rapides et repoussèrent les attaques des populations locales. Leur commerce transforma les cités de Holmgard (Novgorod) et de Könugard (Kiev) en de puissants États, et marqua la naissance de la Russie en tant que nation. Les marchands franchirent aussi la mer Noire et la mer Caspienne et parvinrent à Constantinople (Istanbul), capitale de l'Empire byzantin, et dans la grande cité arabe de Bagdad.

Les entrepôts vikings regorgeaient de tonneaux de vin d'Allemagne et de balles de tissu en laine d'Angleterre. Il y avait des fourrures et de l'ivoire de morse de l'Arctique, du bois et du fer de Scandinavie. Ils achetaient aussi du blé des îles Britanniques et du seigle de Russie.

ROI D'AMBRE
Ce roi sculpté dans l'ambre est une pièce d'un jeu d'échecs. Les pays des bords de la mer Baltique exportaient l'ambre, fort prisé par les marchands et les artisans. En effet, ceux-ci en faisaient des bijoux et des porte-bonheur.

Battre monnaie

Matériel : planche, pâte à modeler qui sèche à l'air, ébauchoir, rouleau, papier, compas, crayon, ciseaux, colle PVA, brosse, peinture bronze et argent, pinceau, gobelet d'eau, spatule.

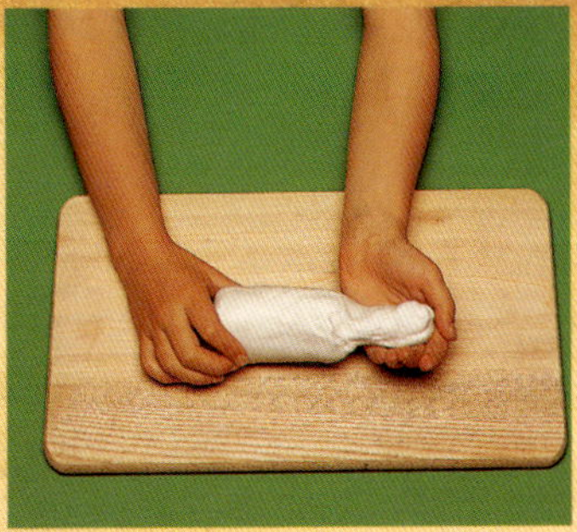

1 Sur la planche, pétris un gros cylindre de pâte à modeler et forme une grosse poignée à une extrémité. Voici ton moule. Laisse-le sécher et durcir dans un endroit chaud.

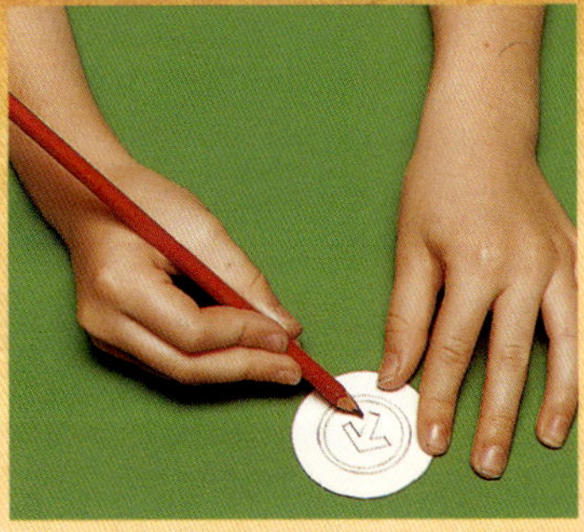

2 Découpe un cercle dans le papier. Il doit avoir à peu près la même taille que l'extrémité du moule. Dessine au crayon une forme simple sur le papier.

3 Découpe en deux le cercle en papier et évide l'intérieur de ton dessin. Si tu as du mal à l'évider, demande à un adulte de t'aider avec un cutter.

Commerce vers l'Orient

Les réseaux commerciaux à l'est rejoignaient d'autres routes plus anciennes, telles que la « route de la soie » vers la Chine. La soie, les bijoux et les épices étaient rapportés d'Orient à dos de chameau. Sur les marchés de Bagdad, les Vikings achetaient ces articles en échange de fourrures, de cire d'abeille et d'esclaves.

CARTE COMMERCIALE

Les routes empruntées par les marchands vikings les conduisaient loin au sud et à l'est de leur patrie. Non seulement ils découvraient en Orient des produits exotiques, mais ils rapportaient d'Europe des articles d'un usage quotidien comme le sel, la poterie et la laine.

Les premières pièces portant l'effigie de rois vikings ont été frappées en Angleterre.

LE JUSTE PRIX

Des balances et des poids étaient utilisés partout par les marchands. Certains étaient rangés dans une petite mallette.

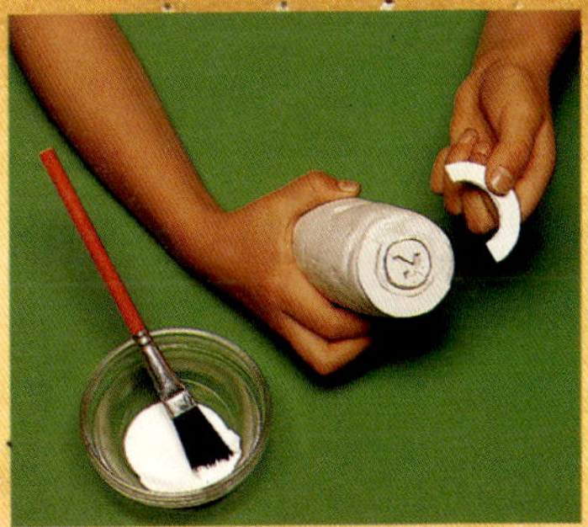

4 Colle les morceaux de papier découpés sur le moule avec la colle PVA. Recoupe le papier s'il dépasse.

5 Comme les moules des Vikings étaient en métal, peins le tien en bronze. Attention à peindre de façon régulière.

6 Étale une autre couche de pâte à modeler. Avec le moule, imprime le motif sur la pâte : c'est ta première pièce de monnaie. Tu peux en fabriquer autant que tu veux.

7 Découpe la pièce avec la spatule. Fais-en d'autres avec le reste de la pâte. Laisse-les sécher, puis peins-les couleur argent.

Raids et pirates

LE FEU ET LE SANG
Cette pierre tombale provient de Lindisfarne. On y voit de farouches guerriers vikings armés d'épées et de haches de guerre.

En l'an 793, une bande de Vikings armés jusqu'aux dents accostent à Lindisfarne, une île anglaise au large de la Northumbrie, près de la frontière avec l'Écosse. Là se trouve un monastère. Les moines tentent en vain de cacher les précieuses croix, les calices en argent et les bibles. Les Vikings les massacrent, mettent le feu au bâtiment et repartent avec leur butin.
À partir de cette date, les Vikings ne vont cesser de répandre la terreur en Europe de l'Ouest.
Ils s'en prennent d'abord à des cibles faciles, comme des villages, des monastères ou d'autres bateaux.
Ils s'emparent du bétail et des céréales, des cassettes d'argent et des cloches des églises qu'ils peuvent fondre. Ils emmènent aussi des femmes et des esclaves. Les membres de l'équipage se partagent le butin.
Bientôt, les Viking s'attaquent aux grandes villes. En 846, ils mettent à sac Hambourg et Paris.
Le roi de France, Charles le Chauve, doit payer plus de trois tonnes d'argent au chef viking Ragnar Lodbrok pour qu'il parte.
À partir de 865, les rois anglais sont également contraints de verser une énorme rançon, le *Danegeld*. Les Vikings reviennent de temps à autre réclamer de l'argent et des terres, sur lesquelles ils s'installent.

L'INVASION VIKING
Sur ce tableau, les Vikings danois envahissent la Northumbrie. Les attaquants ont vite compris qu'ils pouvaient pénétrer sur les terres de leurs voisins. Ils installèrent des campements permanents sur les côtes. Bientôt, ils occupaient un vaste territoire et construisaient des villes.

BIEN À L'ABRI

On enfermait l'or, l'argent et les bijoux dans de ravissantes cassettes et dans des coffrets. Cette copie d'un coffret viking est en ivoire de morse et en bronze doré.

SAINT CUTHBERT

Cette image du Moyen Age représente saint Cuthbert qui prie en mer. Ce saint, l'un des moines les plus célèbres de Lindisfarne, a été canonisé à sa mort, en 687. En 875, lorsque les Vikings danois attaquèrent l'île, les moines s'enfuirent vers l'intérieur en emportant les cendres de saint Cuthbert.

RENAÎTRE DE SES CENDRES

En 793, les Vikings mirent à sac le monastère de Lindisfarne, ne laissant derrière eux que des ruines. Le nouveau prieuré ci-dessous a été construit entre 100 et 1200, avec des pierres de l'ancien monastère. Aujourd'hui, il ne subsiste que des ruines pour rappeler au visiteur le destin tragique de ce site.

LE TRÉSOR DES VIKINGS

Ci-dessus, une partie d'un trésor comprenant 40 kilos d'argent découverts dans un coffre à Cuerdale, en Angleterre. Le trésor comprend de l'argent mis en pièces pour être fondu, de jolies broches et des pièces de monnaie vikings. Le butin était souvent enterré ou caché.

Le guerrier viking

UN PENDENTIF
Chauve et barbu, est-ce le visage d'un guerrier ? Ce porte-bonheur en argent se portait autour du cou.

Les premiers guerriers vikings sont principalement des fermiers, qui partent au combat quand une expédition est organisée. Certains Vikings deviennent des mercenaires qui louent leurs services. Plus tard, les rois enrôleront des soldats pour faire la guerre.

Les Vikings sont de rudes guerriers. Mourir au combat leur assure d'entrer au Walhalla, où séjournent les dieux. Les plus grands guerriers sont comme fous avant d'aller à la bataille. Ce sont des *berserkirs*, nom qui vient de leur cape en peau d'ours (*bearskin*, en anglais). On s'affronte souvent dans des escarmouches, des embuscades et des attaques surprises.

Au combat, les guerriers lancent une volée de flèches et de lances, puis ils chargent. Le corps à corps est violent. Les épées s'entrechoquent, les haches virevoltent, les boucliers se heurtent. Les coups de pied volent, on se mord, le sang coule et les crânes se fendent. Le guerrier viking se bat jusqu'à la mort.

LES LOUPS DES MERS
Des loups venus du nord, disaient d'eux leurs ennemis. Ils étaient souvent violents et cruels, mais d'un courage formidable.

FOU FURIEUX
Ce farouche berserkir est un pion de jeu d'échecs. Ici, au cœur de la bataille, il mord son bouclier. Cette pièce en ivoire de morse a été retrouvée à Lewis, une île au large de la côte écossaise.

Un casque viking

Matériel : mètre de couturière, ballon, vaseline, journal, colle PVA, ciseaux, règle, carton, compas, gros pinceau, pinceau fin, peinture acrylique couleur bronze, gobelet d'eau.

1 Confectionne d'abord la partie principale. Avec le mètre, mesure ton tour de tête. Gonfle un ballon à la même taille que ta tête.

2 Recouvre de vaseline la moitié du ballon, puis mets du papier mâché. Pour cela, fais tremper des bandes de papier journal dans un mélange d'eau et de colle.

3 Laisse sécher et durcir le papier mâché. Fais éclater le ballon. Coupe aux ciseaux les bords qui dépassent pour avoir un casque bien net.

LE CAVALIER

Cette pierre gravée représente un guerrier à cheval avec son épée, son bouclier et son chien. S'ils se battaient généralement à pied, les Vikings étaient des adversaires aussi redoutables à cheval que sur leurs bateaux. Les chevaux allaient jouer un rôle grandissant dans les victoires ultérieures des Vikings et des Normands.

LE BOUCLIER

Les guerriers formaient un mur protecteur avec leurs boucliers ou un bélier pour enfoncer les lignes ennemies.

LE CAMP FORTIFIÉ

Ce modèle montre les remparts de terre de Trelleborg, sur l'île danoise de Sjælland. Il faisait partie des quatre grands forts probablement construits par Harald la Dent bleue, vers 980. Il comprenait des abris et servait de refuge aux habitants de la région en temps de guerre.

Les chefs les plus riches pouvaient s'offrir un casque en métal pour se protéger le visage des coups d'épée et de hache. Le guerrier viking devait être effrayant à voir.

4 Mesure et découpe un morceau de carton assez long pour former la base du casque. Avec un compas, dessine des demi-cercles sur le carton, comme ci-dessus.

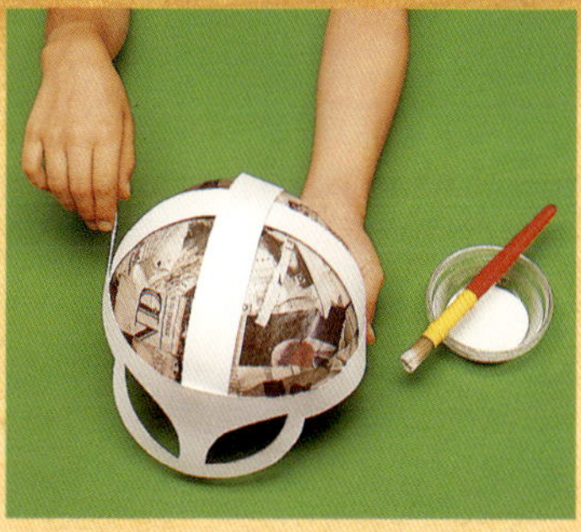

5 Découpe la visière et colle-la devant. Découpe et colle deux longues bandes de carton sur le dessus, comme sur l'image.

6 Lorsque la colle a séché, tu peux peindre le casque en bronze. Prends un gros pinceau pour la première couche, et laisse sécher.

7 Avec un pinceau fin, remets de la peinture dans les interstices de papier mâché. Attends que la peinture soit sèche avant d'essayer ton nouveau casque !

Armes et armures

Les guerriers vikings ne sont pas comme les soldats d'une armée officielle. Les armes et l'armure ne leur sont pas fournies. À la bataille, ils portent leurs propres vêtements et leur équipement. La plupart des guerriers possèdent un casque en cuir résistant. Les casques en métal sont généralement coniques, avec parfois une bande protectrice pour le nez. Les guerriers sont vêtus d'une tunique et de pantalons, avec une cape pour se protéger du froid. Un jarl riche peut avoir une *brynja*, c'est-à-dire une cote de maille, faite d'anneaux métalliques entrelacés. Le bouclier rond, large de 1 m, est en planches. Il a une bosse métallique au milieu sur le devant pour faire dévier les coups d'épée, une poignée sur la face opposée, et une bordure en fer ou en cuir. Sur le drakkar, il y a des lances de différentes tailles, des arcs, des flèches et des haches de guerre à long manche. L'arme la plus précieuse pour un Viking est son épée, à la garde souvent magnifiquement décorée. Sa lame est façonnée par un forgeron local ou importée d'Allemagne. Le forgeron fait fondre des morceaux de fer qu'il tord et bat pour leur donner une forme. L'arête tranchante en acier robuste est faite après-coup.

NOUVEAU STYLE
Ce chevalier norvégien figure sur une tapisserie exécutée vers 1180. À la fin de l'époque viking, les Normands introduisirent un bouclier en forme d'écu allongé. Il fut utilisé par les premiers chevaliers au Moyen Age, qui portaient également la cote de maille et un casque en métal protégeant aussi le nez.

IL Y A LANCE ET LANCE
Ce fer de lance suédois en bronze a une hampe (un manche) incrustée d'argent. Les lances à lame large étaient conçues pour être tenues à la main et servaient à poignarder. Les plus étroites et plus légères se lançaient.

Un bouclier

Matériel : carton, compas, règle, ficelle, crayon, ciseaux, peintures acryliques or et rouge, pinceau, coupelle, papier journal, ruban masque, colle, brosse, papier aluminium, attaches métalliques, cutter, bâton, ruban adhésif, biais (ruban).

1 Trace au compas un petit cercle au centre du carton. À l'aide d'une ficelle, dessine un cercle plus grand, comme cela est montré ci-dessus.

2 Découpe un grand cercle dans le carton et fais un dessin du genre de celui ci-dessus. Peins le tout et laisse sécher.

3 Prends la coupelle en carton fort pour former le pommeau. Déchire du papier journal pour faire une boule aplatie que tu colleras sur la coupelle.

ÉPÉES ET HACHES

Ces armes de Jorvik comprennent les restes de deux épées vikings à double tranchant. Le fer de lance se fixait sur une hampe de bois. Les Vikings utilisaient diverses haches dans le combat au corps à corps ou les lançaient à distance.

PAR TERRE ET PAR MER

Cette pierre gravée de Götland, en Suède, représente des guerriers allant au combat à cheval et en bateau. Ils ont les mêmes armes.

CASQUE EN BRONZE

Les objets trouvés dans les tombes suédoises montrent comment les chefs fortunés vivaient avant et pendant l'époque viking. Le corps en bronze de ce casque pré-viking est décoré de guerriers et les parties protégeant le visage sont en fer.

CHOIX DE LANCES

Les archéologues ont mis au jour des éperons et des armes dans divers sites du monde viking. Les fers de lance et de hache nous sont parvenus, mais les manches en bois ont pourri.

Baptise ton bouclier d'un nom viking, comme le « Poing de Thor » ou « Briseur d'épées ».

4 Mets de la colle sur la coupelle, puis recouvre de papier aluminium. La bosse métallique renforce et protège la main du guerrier.

5 Colle cette bosse au milieu du bouclier. Fixe-la avec des attaches dans le rebord et le carton du bouclier.

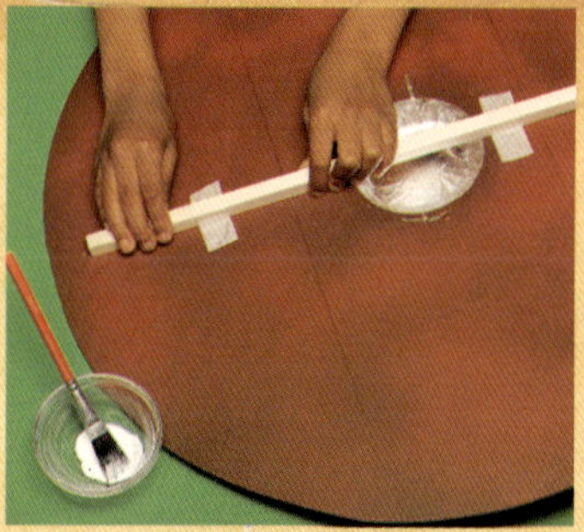

6 Demande à un adulte de faire un trou au cutter au dos du bouclier. Colle le bâton derrière et ajoute du ruban adhésif pour le faire tenir.

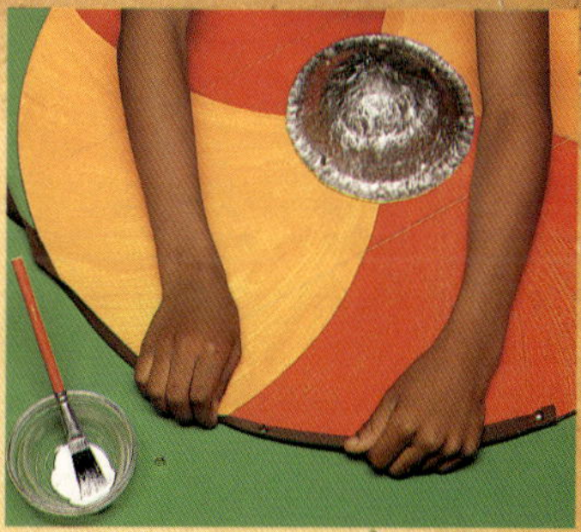

7 Mets des points de colle (ou des agrafes) autour du bouclier pour fixer le biais. Ton bouclier est prêt pour le combat.

Les artisans

LE GROGNEMENT DU DRAGON
Ce chef-d'œuvre de bois et de métal est une figure de proue à tête de dragon du bateau funéraire d'Oseberg, en Norvège. Il date de l'an 850 environ.

Dans chaque foyer viking, on pratique l'artisanat. Les hommes fabriquent et réparent outils et armes. Ils sculptent l'ivoire de morse et le bois durant les longues soirées d'hiver. Les femmes tissent. Elles lavent et peignent la laine, puis la fixent sur un long bâton, la quenouille. Elle est ensuite filée à l'aide d'un fuseau. On tisse ce fil sur un grand métier à tisser droit. Le feu du forgeron rugit dans le fourneau et le marteau frappe l'enclume qui forge le métal. Des artisans expérimentés travaillent l'or, l'argent, le bronze et l'étain. Ils fabriquent de beaux bijoux avec de l'ambre et une pierre noire luisante, le jais. De superbes objets sont sculptés dans le bois de renne et l'ivoire des défenses de morse. Les maisons et, plus tard, les églises sont décorées de belles gravures en bois. Parmi les motifs figurent des nœuds et des boucles, des oiseaux et des animaux entrelacés avec des serpents qui se tordent et d'étranges monstres.

TORSADES D'ARGENT
Cette élégante broche a été retrouvée dans le Jutland, au Danemark. Si l'on regarde bien, on y distingue un serpent et une bête. La broche date de la fin de l'ère viking.

Un bracelet en argent

Matériel : mètre de couturière, pâte à modeler qui sèche à l'air, planche, ciseaux, ficelle blanche, cordelette blanche, spatule, peinture acrylique argent, pinceau, gobelet d'eau.

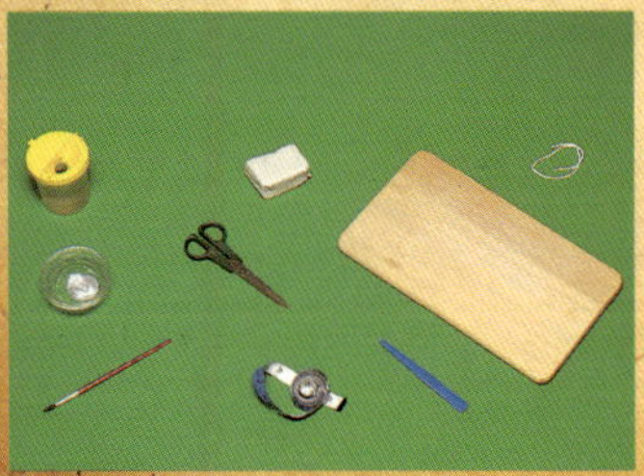

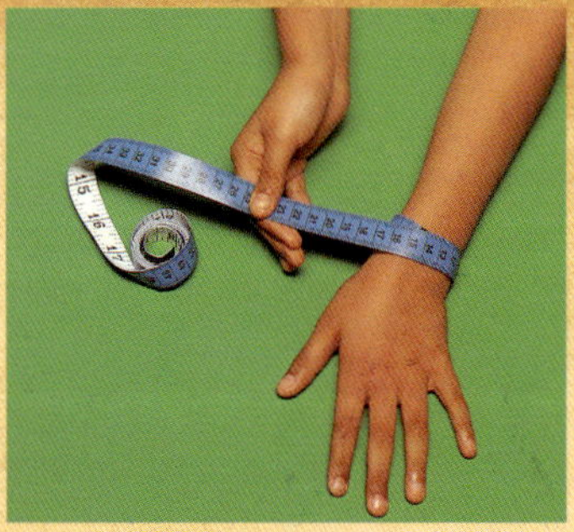

1 Mesure ton poignet avec le mètre pour faire un bracelet à ta taille. Prévois une longueur suffisante pour l'enfiler sans qu'il tombe.

2 Forme un boudin en pétrissant la pâte à modeler entre tes mains. Coupe-le en trois morceaux de même épaisseur, juste un peu plus longs que la taille de ton poignet.

3 Dispose les trois boudins en éventail sur la planche. Coupe deux morceaux de ficelle blanche, un peu plus longs que les boudins, et place-les au milieu.

LA COULEUR DE L'ÉTOFFE
Le tissage était teint de couleur vive avec des feuilles, des racines, de l'écorce et des fleurs. On obtenait du jaune avec le réséda, du rouge avec la racine de garance et du bleu vif avec les feuilles de la guède.

Guède

Garance

LE FORGERON À L'ŒUVRE

Cette jolie gravure sur bois vient d'une église d'Urnes, en Norvège. Elle représente Regin le Forgeron forgeant une épée sur une enclume pour Sigurd, un héros légendaire. Il utilise son soufflet pour raviver le feu. Le savoir-faire du forgeron était tellement important à l'époque qu'on le considérait souvent comme un personnage magique ou un dieu.

LES OUTILS DE LA FORGE

Le forgeron utilisait un marteau pour battre et façonner le métal. Il prenait des pinces pour manipuler le fer rougi par le feu. Des cisailles servaient à couper les feuilles de métal. Le forgeron fabriquait les clous, les couteaux et tous les outils.

Les Vikings aimaient montrer leur rang et leur richesse en portant des bijoux en or et en argent.

4 Pendant que la pâte est encore souple, tresse la pâte à modeler avec les morceaux de ficelle. Au besoin, demande à un adulte de t'aider.

5 Coupe les extrémités de la tresse à la même longueur. Mets un morceau de pâte à chaque extrémité pour maintenir en place.

6 Mets le bracelet en cercle, mais sans joindre les deux extrémités. Laisse-le sécher et durcir.

7 Quand le bracelet est bien sec, peins-le en argent. Laisse sécher avant de l'essayer.

Les arts et la musique

LE CRÉPUSCULE DES DIEUX
Cette pierre gravée de l'île de Man, en Angleterre, montre le dernier combat des dieux. Un corbeau sur l'épaule, Odin, père des dieux, est armé d'une lance. Il est tué par Fenrir, le loup gris.

Quand les Vikings chantent lors de leurs beuveries, mieux vaut éviter d'être dans les parages. Mais il y a sans doute de bons musiciens, car les écrits mentionnent des violons, des harpes et des cors. Parmi les instruments qui nous sont parvenus figurent des flûtes d'os et des pipeaux en bois.

À une époque où peu de gens savent lire et écrire, ce sont les images qui racontent l'histoire. Sur les morceaux de tapisserie du bateau funéraire d'Oseberg, on peut voir une procession de chevaux et de chars. On pense qu'elle a été tissée par des femmes de la noblesse. Raconter une histoire à travers des tapisseries et des broderies est une tradition des Normands. Ainsi, la tapisserie de Bayeux nous présente la conquête de l'Angleterre par les Normands.

Les Vikings ne peignent pas d'images. Ils gravent dans le bois ou dans la pierre, et travaillent le métal. Ce sont souvent des personnages puissants, hardis, des motifs complexes et des animaux élégants qui témoignent de l'amour de l'artiste pour le mouvement. Après l'époque viking, ce style scandinave typique disparaît tandis que les Européens introduisent des styles différents dans la région.

L'ART D'URNES
À Urnes, en Norvège, il y a une *stavkirke*, c'est-à-dire une église entièrement en bois. Des panneaux anciens datent de la fin de l'époque viking. Celui-ci montre un cerf qui mange Yggdrasil, l'arbre qui soutient le monde. Urnes a donné son nom à la dernière période de l'art viking.

À FAIRE PEUR !

Matériel : crayon, papier, ciseaux, planche, rouleau, pâte à modeler qui sèche à l'air, couteau à modeler, papier de verre, gros pinceau, peintures acryliques jaune, ocre, noir, rouge et bleu, pinceau fin.

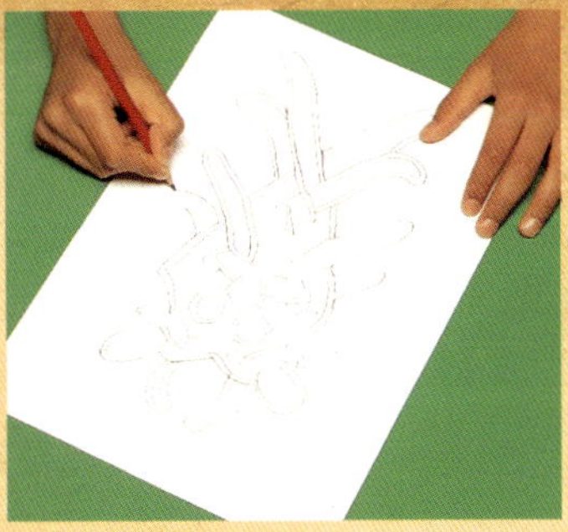

1 Dessine un monstre effrayant sur le papier, celui-ci, ou un autre trouvé dans un livre ou que tu auras inventé. Fais un dessin plein d'audace et découpe-le.

2 Forme une plaque avec un gros morceau de pâte à modeler. Découpe les bords avec le couteau pour lui donner la forme irrégulière d'une pierre runique.

3 Pose ton dessin sur la plaque. Avec le couteau à modeler, repasse les traits du dessin en traversant le papier.

LE LOUP MORD UN DIEU

Cette image représente Tyr, le dieu des Assemblées et des Législateurs, dont la main est mordue par Fenrir, le loup gris. Fenrir tire sur une chaîne magique forgée par les nains et composée d'éléments divers, comme le souffle du poisson et les racines de la montagne. Le nom de Tyr est passé dans le mot anglais *Tuesday*, mardi.

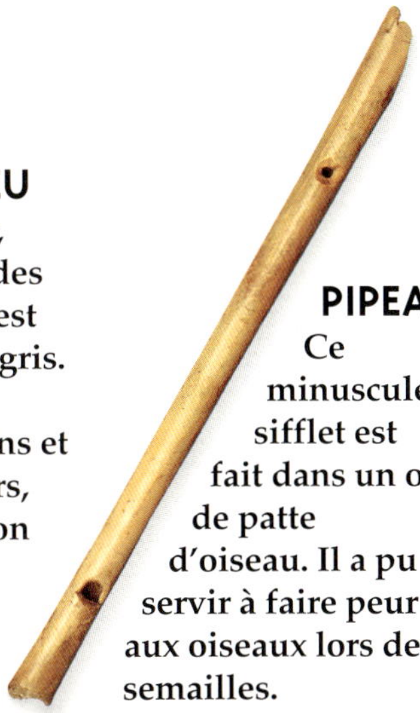

PIPEAU

Ce minuscule sifflet est fait dans un os de patte d'oiseau. Il a pu servir à faire peur aux oiseaux lors des semailles.

UNE TAPISSERIE

Cette tapisserie au dessin audacieux représente les dieux Odin, Thor et Freyr. Elle date de l'an 1100 environ, juste après l'époque viking, et vient d'une église suédoise. Elle doit ressembler à celles qui ornaient les salles royales de la grande époque.

4 Passe sur tous les traits du dessin. Vérifie qu'ils se trouvent tous sur la pâte. Retire le papier.

5 Laisse sécher la pâte en la retournant pour bien l'exposer à l'air. Quand la pâte a durci, lisse au papier de verre, puis brosse avec un gros pinceau.

6 Peins le visage avec du jaune, de l'ocre, du noir, du rouge et du bleu. Laisse sécher chaque couleur avant de passer à la suivante. Laisse sécher.

Un dessin qui sèmera la panique chez les mauvais esprits par une nuit noire ! Ce genre de visage, avec la barbe et la moustache entremêlées, figure sur des stèles de l'époque viking.

Des manières d'écrire

LA LÉGENDE D'ERIK LE ROUGE
Les aventures d'Erik le Rouge ne furent pas écrites ou gravées de son temps en caractères runiques. C'est vers 1320 que les histoires, qui avaient été transmises par voie orale, furent recopiées à l'encre sur du vélin.

Les Vikings avaient leur propre forme d'écriture. Leur alphabet s'appelait le *futhark,* d'après ses sept premières lettres. Les 16 runes (lettres) sont composées de traits et de diagonales, parce qu'elles sont tracées dans le bois, le métal ou la pierre. La plupart nous sont parvenues gravées sur des pierres runiques. Selon les historiens, les Vikings croyaient que les runes, ou les pierres runiques elles-mêmes, avaient un pouvoir magique. Certains Vikings incrustaient des runes dans la lame de leur épée. Comme il faut du temps pour graver des runes, les messages sont brefs. Lorsque le christianisme parvint dans les terres vikings, les moines eurent besoin d'écrire les saintes écritures. Comme le texte était trop long, on prit de l'encre et des peintures sur du vélin (peau de veau), ou du parchemin. Cette méthode existait déjà depuis un certain temps dans le reste de l'Europe. Finalement, les moines adoptèrent l'alphabet romain.

L'ALPHABET RUNIQUE
Il y a 16 runes utilisées par les Vikings du Danemark. Les alphabets norvégien et suédois sont légèrement différents.

Une pierre runique

Matériel : carton, crayon, rouleau, planche, pâte à modeler qui sèche à l'air, spatule, colle PVA, brosse, ciseaux, peinture acrylique rouge, pinceau, gobelet d'eau, chiffons doux.

1 Dessine sur le carton le contour d'une pierre runique. Trace une ligne à 5 cm du bord pour faire une bordure. Dessine une croix au milieu, comme ci-dessus.

2 Découpe la forme de la pierre. Étale la pâte à modeler sur la planche et pose la pierre runique en carton par-dessus. Découpe le contour ou laisse-lui une forme naturelle, comme sur l'image n° 5.

3 Découpe le bord et le contour de la croix sur le carton. Pose la bordure en carton sur la pâte et suis-la avec la spatule.

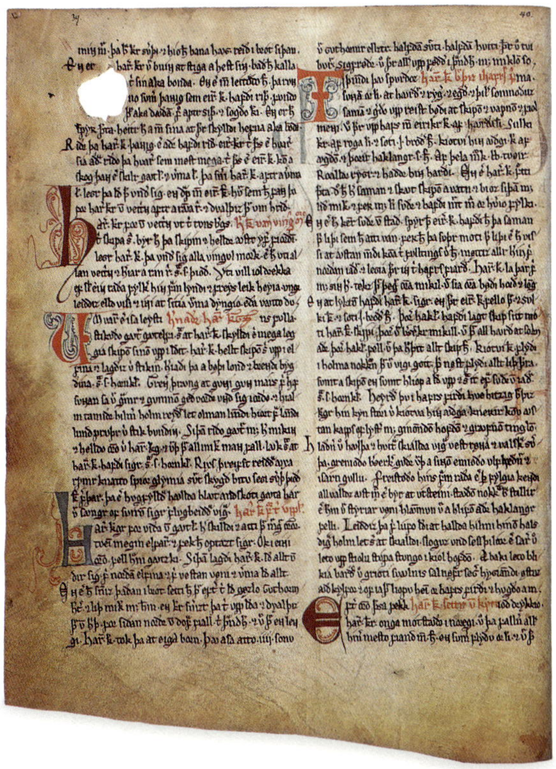

UNE HISTOIRE VIKING

La saga de Harald à la Belle Chevelure a été recopiée en 1825, environ 435 ans après que le chef du Vestfold fut devenu le premier roi de la Norvège. Bien qu'on se mît volontiers à retranscrire sur le papier les événements, les runes restèrent en usage en Scandinavie pendant une bonne partie du Moyen Age.

UNE NOUVELLE ÉCRITURE

Tandis que l'époque viking touchait à sa fin, on se servit de la peau des moutons et des veaux pour écrire. On pouvait écrire avec une plume et de l'encre, ce qui était plus facile que de graver des runes dans la pierre.

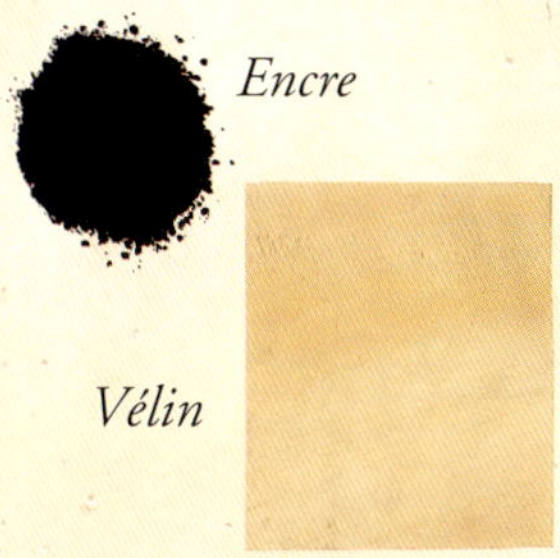

UNE PIERRE RUNIQUE

On retrouve des pierres runiques dans tout le monde viking. La pluie et le vent les ont ravinées. Elles ont perdu les couleurs vives dont elles étaient peintes. Cependant, elles nous en disent long sur des mots et une langue en vigueur à l'époque viking.

CÉLÉBRATION

Les Vikings glorifiaient leurs morts en dressant des stèles dans les lieux publics. Cette pierre runique a été érigée par Varin pour son fils Vemod.

Les pierres runiques comportent souvent un dessin et du texte.

4 Pose la croix en carton sur la pâte. Suis son contour avec la spatule pour la découper dans la pâte. Trace des lettres runiques dans la bordure en pâte à modeler.

5 Laisse sécher la pâte jusqu'à ce qu'elle soit dure et pâle. Puis passe sur toute la plaque une brosse enduite de colle PVA délayée dans l'eau.

6 Passe de la peinture sur toute la surface en insistant sur les coups de spatule gravés dans la pâte. Les runes, la bordure et la croix devraient se détacher.

7 Passe doucement un chiffon humide pour retirer l'excédent de peinture. Laisse sécher. Frotte avec un chiffon sec.

ON ÉCRIT
Extrait d'un livre postérieur aux Vikings. L'enjolivure de cette lettrine raconte la vraie vie du roi Harald à la Belle Chevelure qui coupe les chaînes de Dofri, un géant mythique. Après l'époque des Vikings, on a enfin transcrit leurs épopées. Ce sont les sagas.

LÉGENDES ET ÉNIGMES

Assis au coin du feu, les Vikings se racontent des histoires qui parlent de querelles, de batailles, de dieux et de rois. Ces sagas, ou histoires, sont transmises oralement d'une génération à l'autre. Une aventure typique dans une saga (épopée) raconte comment Harald Hardradi s'est enfui de Constantinople. L'impératrice avait donné l'ordre de mettre des chaînes en travers du chenal où les bateaux avaient jeté l'ancre. Les Vikings avaient ramé à toute allure vers les chaînes. Au dernier moment, une partie de l'équipage avait couru vers la poupe, ce qui avait soulevé la proue hors de l'eau et au-dessus des chaînes, et le bateau avait pu s'échapper.

Les poètes, appelés *skàlds*, allaient de demeure en demeure. Ils étaient censés chanter les louanges de leur hôte. Si le roi, ou le jarl, aimait leurs vers, ils étaient récompensés. Sinon, ils risquaient leur vie. Les poètes introduisaient souvent des énigmes dans leurs textes, que le public devait résoudre. Ainsi, « une merveille à huit pieds, quatre yeux et les genoux plus haut que le corps », qu'est-ce que c'est ? Une araignée.

LE DERNIER COMBAT
Ce panneau de bois raconte l'histoire du dernier combat entre les dieux et les Géants. Odin mène la charge contre le loup Fenrir, mais celui-ci l'engloutit entre ses énormes mâchoires.

L'HISTOIRE DE SIGURD
Beaucoup d'histoires portent sur un héros nommé Sigurd. Ce joli bois gravé de l'an 1100 environ représente Sigurd transperçant le dragon de son épée. Dans l'autre main, il tient un bouclier normand.

UNE HISTOIRE DE TOMBE

Les mythes et légendes scandinaves n'ont pas disparu avec l'arrivée du christianisme. Voici la reconstitution d'une pierre tombale datant de 1030 environ et découverte à la cathédrale Saint Paul de Londres. Selon les historiens, elle pourrait représenter un lion luttant avec un serpent. On pense que les couleurs de cette reconstitution ne sont pas très fidèles.

POUR LE POÈTE

Ce bracelet en argent massif vient de Falster, au Danemark. Le skàld pouvait recevoir ce genre de bijoux si le seigneur était satisfait de ses récits. Sinon, il pouvait perdre la vie !

LE SERPENT DE MIDGARD

Un monstre gigantesque, le serpent de Midgard, qui peuple la mer, lutte contre le dieu Thor, qui brandit son marteau. Les récits des Vikings racontent le destin des dieux et la destruction du monde. Lorsque l'ancien monde est détruit, un nouveau monde peut naître.

Corbeau

LES CRÉATURES DU MYTHE

Les Vikings étaient inspirés par la nature, mais aussi par leur peur des vastes étendues glacées du Nord. Le loup gris rôdait autour des villages la nuit. Ainsi, Fenrir est devenu le loup de l'enfer. Quand les Vikings voyaient un couple de corbeaux au-dessus de leur tête, ils pensaient que c'était Hugin et Mugin qui allaient faire leur rapport à Odin.

Loup

FUNÉRAILLES VIKINGS

La fin de la vie d'un Viking est marquée par ses funérailles. Les rois, les reines et autres seigneurs sont souvent ensevelis avec des trésors qui doivent leur servir dans l'autre monde. Parfois, des esclaves sont tués et enterrés avec eux. Les gens plus simples se contentent de leur épée ou des outils de leur métier. Les rois et les reines du Danemark sont ensevelis dans des chambres en pierre sous de grands tumulus à Jelling. On dresse de grosses pierres runiques à la mémoire du mort. La famille fait graver des inscriptions qui parlent de celui ou de celle qu'elle a perdu. Dans certaines régions des îles Britanniques, les colons vikings adoptent la coutume locale de graver les pierres tombales. Étant donné l'importance de la mer, on en vient de plus en plus souvent à enterrer les grands personnages dans de superbes navires. On croit que le mort va s'en servir pour passer dans l'autre monde. Les bateaux funéraires sont enterrés sous des tumulus. Parfois, on y met le feu en mer.

DANS LA TOMBE
Ce joli seau a été retrouvé dans la tombe d'une femme à Birka, en Suède. Il est en bois recouvert de bronze et fut probablement fabriqué dans les îles Britanniques il y a quelque 1 100 ans.

EN FORME DE NAVIRE
Ces pierres dressées, qui dessinent un navire, marquent l'emplacement d'une tombe viking à Götland, en Suède. Ce genre de monument est courant dans toute la Scandinavie. Ces sites symbolisent l'idée que la mort est un voyage vers l'inconnu.

UP-HELLY-AA

À la fin janvier a lieu une grande fête dans les îles Shetland. On met le feu à l'aide de torches à une reproduction de bateau viking. C'est la fin de l'Up-Helly-Aa, qui célèbre le milieu de l'hiver. Personne ne connaît vraiment l'origine de cette fête, mais un chroniqueur arabe raconte un événement similaire, un bateau funéraire viking mis à feu sur la Volga.

DES OBJETS QUI RACONTENT

Cette coupe en argent a été découverte dans un tumulus royal à Jelling, au Danemark. Elle a sans doute été enterrée avec le roi Gorm, père de Harald la Dent bleue, vers l'an 958. Bien que d'autres objets aient sans doute accompagné le corps du roi Gorm dans la tombe, les archéologues n'ont pas retrouvé grand-chose au cours de leurs fouilles. Sans doute la tombe a-t-elle déjà été pillée.

LE BATEAU DE GOKSTAD

Ce bateau royal a été découvert sous un tumulus à Gokstad, en 1880. Il a été reconstitué et on peut le voir aujourd'hui au musée des Bateaux vikings à Bygdøy, en Norvège.

Glossaire

A

Archéologue : Une personne qui procède à l'étude scientifique de vestiges anciens.

B

Bateau funéraire : Les Vikings étaient parfois enterrés ou incinérés dans des bateaux de bois décoré.

Berserkir : Guerrier viking qui se met dans un état de folie furieuse avant le combat. Il tient son nom de son manteau ou de sa chemise en peau d'ours.

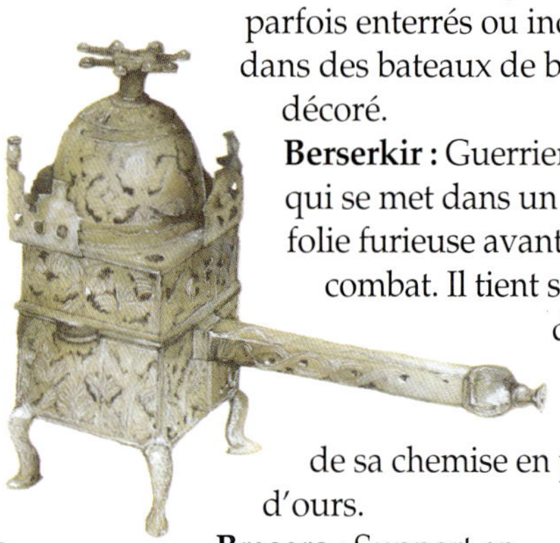

Brasero

Brasero : Support en métal pouvant contenir des braises.

Brynja : Tunique de guerrier faite de mailles métalliques.

C

Calfater : Sceller les planches d'un bateau avec du goudron ou un autre produit pour le rendre étanche.

Calice : Coupe cérémonielle, souvent en or ou en argent, utilisée par les prêtres pour mettre le vin.

Clins (assembler à) : Planches qui se chevauchent sur le flanc d'un drakkar.

Coloniser : S'établir de force sur une terre étrangère, ou colonie.

Corne à boire : Corne creuse d'une vache, souvent décorée, et utilisée pour boire.

D

Danegeld : Rançon versée aux Vikings par les rois anglais ou français pour ne pas être attaqués.

Débris de cuisine : Tas d'ordures dans lesquels on trouve des vestiges.

Drakkar ou langskip : Long navire effilé des Vikings utilisé pour explorer les mers et faire la guerre.

E

Enclume : Bloc de fer sur lequel on frappe le métal à la forge.

Entrelacées (bêtes) : Motif fréquent chez les artisans vikings, qui représentent des animaux ou des monstres en lutte.

Étable : Abri pour les vaches.

F

Færing : Petit bateau pour la pêche ou le cabotage.

Fauconnerie : Utiliser des faucons pour chasser d'autres oiseaux ou des animaux.

Fjord : Bras de mer dans les terres creusé il y a longtemps par les glaces. Les fjords sont nombreux sur la côte norvégienne.

Fort

Fort : Campement militaire fortifié. Les forts vikings avaient une disposition rigoureusement géométrique. Ils étaient entourés d'un haut rempart circulaire de terre et de tourbe.

Fuseau : Outil qui tourne, servant à transformer les fibres, comme la laine, en fil à tisser.

G

Girouette : Fine plaque de métal qui indique la direction du vent.

Graffiti : Mots ou dessins gravés superficiellement ou écrits sur un mur, une statue ou autre.

Gréement : Cordages servant à soutenir le mât et les voiles d'un bateau.

H

Hedeby : Importante ville danoise (aujourd'hui en Allemagne).

Hnefatafl : Jeu de société très prisé des Vikings.

J

Jarl : Seigneur viking.

K

Karl : Viking libre, pouvant posséder sa terre, un commerce et se battre.

Knarr : Robuste bateau de commerce conçu pour transporter des cargaisons.

M

Maison longue : Bâtiment principal d'une ferme viking et comprenant une grande salle.

Matrice : Outil servant à imprimer un motif en relief dans le métal.

Mercenaire : Soldat qui loue ses services à une armée contre de l'argent.

Métier à tisser : Cadre de bois servant à faire du tissage.

Drakkar

Meule : Pierre servant à broyer le grain.
Midgard : Pour les Vikings, Midgard était le monde humain.
Mythe : Toute histoire ancienne parlant des dieux, de magie et de lieux imaginaires.

Pierre runique décorée

N

Normand : Descendant des Vikings, établi en Normandie.

O

Odin : Le dieu de la Guerre, de la Magie et de la Poésie. Le plus puissant et le plus mystérieux des dieux.

P

Païen : Culte préchrétien rendu aux anciens dieux de la nature et de la campagne.
Pierre gravée : Stèle gravée d'images.
Pierre runique : Stèle gravée de runes.
Poupe : Arrière du bateau.
Président de la loi : Dans la société viking qui ne connaissait pas l'écriture, c'était celui qui apprenait par cœur les lois votées par l'assemblée des Vikings libres.
Proue : Partie avant du bateau. La proue des drakkars était souvent surmontée d'une tête de dragon sculptée, d'où le nom de drakkar, qui signifie « dragons ».

Q

Quenouille : Long bâton servant à tenir la laine pendant qu'on la file.
Quille : Longue poutre qui soutient la charpente du bateau et passe sous la coque.

R

Rempart : Levée de terre défensive.
République : Pays qui n'est pas gouverné par un roi, une reine ou un empereur.
Rune : Symboles composés de traits qui servaient d'alphabet aux peuples de l'ancienne Allemagne et de Scandinavie.
Rus : Nom donné aux commerçants suédois qui s'établirent dans l'est de l'Europe et donnèrent naissance à la Russie.

S

Saga : Épopée d'une famille ou d'un héros racontée par des conteurs dans l'ancienne Scandinavie et en Islande.
Skàld : Poète, conteur et inventeur d'énigmes viking.

T

Tapisserie : Tissage à la main dans lequel figure un dessin ou une image.
Thing : Assemblée d'hommes libres, qui votaient les lois dans les régions vikings. L'assemblée islandaise s'appelait l'Althing.
Thor : Dieu farouche à la barbe rousse. Dieu du Tonnerre.
Thrall : Esclave.
Trésor : Monceau d'or ou d'argent enterré pour plus de sûreté.

V

Vengeance ou feud : Comme la vendetta, c'est une querelle qui se perpétue entre deux familles.
Viking : Membre d'un des peuples scandinaves qui vivaient de la piraterie au début du Moyen Age.
Vinland : Nom donné par les Vikings à l'île de Terre-Neuve, au large de l'Amérique du Nord.

Trésor

W

Walhalla Valholl : Le séjour des dieux, où se rendaient directement les valeureux guerriers morts au combat.
Walkyrie : Dans les mythes vikings, la Walkyrie est une des servantes d'Odin, qui accueillaient les héros au Walhalla. Elle se manifestait parfois sous les traits d'une vieille sorcière qui planait sur le champ de bataille comme un vautour.

Walkyrie

INDEX